Christian Salenson

DEN BRUNNEN TIEFER GRABEN

Meditieren mit Christian de Chergé

W0171363

Christian Salenson

Den Brunnen
tiefer graben

Meditieren mit
Christian de Chergé,

Prior der Mönche von Tibhirine

VERLAG NEUE STADT
MÜNCHEN · ZÜRICH · WIEN

Titel der französischen Originalausgabe: *Prier 15 jours avec Christian de Chergé, prieur des moines de Tibhirine,* © 2006, Nouvelle Cité, Bruyères-le-Châtel.

Übertragung ins Deutsche: Stefan Liesenfeld

3. Auflage 2011
© Alle Rechte der deutschen Ausgabe bei:
Verlag Neue Stadt GmbH, München
Gestaltung und Satz: Neue-Stadt-Graphik
Druck: Memminger MedienCentrum, Memmingen
ISBN 978-3-87996-910-4

Vorwort

*D*ie Trappistengemeinschaft von Tibhirine/Algerien wurde weltweit bekannt durch die Entführung und die bis heute nicht geklärte Ermordung von sieben Mönchen im Jahr 1996, darunter der Prior, Christian de Chergé. Ein viel beachteter französischer Kinofilm („Von Menschen und Göttern") hat ihr Leben neu in den Blick gerückt.

In diesem Buch werden der Prior und seine Spiritualität vorgestellt. Nach einem Überblick über sein Leben kommen die Quellen in den Blick, aus denen Christian de Chergé geschöpft hat. Eine beeindruckende innere Welt tut sich auf; viele Begriffe erscheinen in einem neuen Licht: Gebet, Liebe, Kreuz, Umkehr, Zeugnis ... Es ist eine Spiritualität der Begegnung und der Offenheit für den anderen, die heute aktueller denn je ist. In muslimischem Umfeld lebend, waren Christian und seine Brüder „Pioniere, die wichtige Wegmarken gesetzt haben" (C. Salenson). Längst leben wir ja in einer Situation religiöser Vielfalt; mehr denn je treffen wir mit Gläubigen anderer Religionen zusammen. Es ist kein leichter Prozess, dies als Chance für den eigenen Glauben zu b e greifen und zu e r greifen. Wir wissen, wie schnell es zu Rückschlägen kommt. Wir kennen die Warnungen. Auch die Mönche von Tibhirine waren keineswegs naiv. Tro t z a l l e m sind sie sich und ihrem Glauben treu geblieben. Das vorangestellte Testament von Christian de Chergé ist dafür ein eindrucksvolles Zeugnis.

Der Weg zueinander darf Unterschiede nicht verwischen. Es ist nicht der Weg bloßer Toleranz und oder gar des Kompromisses. Es ist der Weg „in die eigene Tiefe": Es geht darum, „den eigenen Brunnen tiefer zu graben" – bis man zu der Quelle findet, aus der sich leben lässt, einer Quelle, die über alle Unterschiede hinweg eine tiefe Verbindung schafft.

Dieses Buch möchte Lust wecken und Mut machen, den Weg nach innen als Weg zueinander zu gehen, anders gesagt: „mit Christian de Chergé und den anderen Mönchen von Tibhirine ‚Betende unter anderen Betenden' zu werden" (C. Salenson).

Stefan Liesenfeld

Inhalt

Das letzte „A-Dieu" vor Augen: Das Testament des Christian de Chergé

Um die Jahreswende 1993/94 hat Christian de Chergé sein Testament (IE 221) verfasst. Er vertraute es seinem Bruder Gérard zur Aufbewahrung an. Als der Tod der Mönche bekannt wurde, entschloss sich die Familie nach einigen Tagen Bedenkzeit, es zu veröffentlichen; viele, auch algerische Tageszeitungen haben es publiziert. Der bewegende Text ist in seiner vordergründigen Einfachheit von großer theologischer und spiritueller Tiefe.

Wenn ich eines Tages – und das könnte schon heute sein –, ein Opfer des Terrorismus werden sollte, der sich nun gegen alle in Algerien lebenden Fremden zu richten scheint, so möchte ich, dass meine Gemeinschaft, meine Kirche und meine Familie sich daran erinnern, dass mein Leben Gott und diesem Land hingegeben war.

Sie mögen es akzeptieren, dass der einzige Meister allen Lebens diesem brutalen Abschied nicht fremd gegenüberstehen kann. Sie mögen für mich beten; denn wie könnte ich eines solchen Opfers würdig sein? Sie mögen diesen Tod im Zusammenhang mit den vielen anderen ebenso gewaltsam Umgekommenen sehen, die unbeachtet und namenlos bleiben. Mein Leben hat nicht mehr Wert als ein anderes. Aber auch nicht weniger. Jedenfalls hat es nicht mehr die Unschuld der Kindheit. Ich habe lange genug gelebt, um zu wissen, dass auch ich Komplize des Bösen geworden bin, das – leider – in der Welt die Oberhand zu behalten scheint, Komplize gar des Bösen, das mich blind treffen könnte.

Ich wünschte mir, wenn es so weit ist, noch genug Zeit und geistige Klarheit, um die Vergebung Gottes und meiner Menschengeschwister zu erbitten, und auch, dass ich selbst demjenigen aus ganzem Herzen vergeben kann, der mich tötet.

Ich kann einen solchen Tod nicht wünschen. Es scheint mir wichtig, das zu bekennen. Ich wüsste wirklich nicht, wie ich mich freuen könnte, wenn dieses Volk, das ich liebe, wegen meiner Ermordung pauschal angeschuldigt würde. Zu hoch wäre der Preis für das, was man „die Gnade des Martyriums" nennen mag, wenn sie einem Algerier geschuldet ist, wer dieser auch immer sei. Vor allem dann, wenn er bekundet, aus Treue zu dem zu handeln, was er für den Islam hält.

Ich kenne die Verachtung, mit der man auf die Algerier pauschal herabblickt. Ich kenne auch die Karikaturen des Islam, die ein gewisser islamischer Fundamentalismus hervorgerufen hat. Man macht es sich viel zu leicht, wenn man den religiösen Weg des Islam mit dem Fundamentalismus der Extremisten gleichsetzt. Algerien und der Islam, das ist für mich etwas ganz anderes; das ist wie Leib und Seele. Ich habe es zur Genüge beteuert, glaube ich, im Hinblick auf alles, was ich erhalten habe – so oft habe ich darin den Leitgedanken des Evangeliums wiedergefunden, das ich damals auf dem Schoß meiner Mutter, meiner allerersten Kirche, gelernt habe, und zwar genau hier in Algerien und damals schon in großem Respekt vor den muslimischen Gläubigen.

Mein Tod scheint natürlich denen recht zu geben, die mich immer gleich für naiv oder zu idealistisch gehalten haben: „*Jetzt sollte er uns sagen, was er darüber denkt!*" *Aber diese sollen wissen, dass nun endlich meine brennendste Neugier gestillt sein wird:*

Nun werde ich, wenn es Gott gefällt, meinen Blick in den Blick Gottes, des Vaters, versenken, um so mit ihm seine Kinder aus dem Islam zu betrachten – so, wie er sie sieht, ganz erleuchtet von der Herrlichkeit Christi, als Frucht seines Leidens, erfüllt von der Gabe des Geistes, dessen geheime Freude es immer sein wird, Gemeinschaft zu schaffen und die Ähnlichkeit wiederherzustellen, indem er mit den Unterschieden spielt. Dieses verlorene Leben, das ganz meines ist und ganz ihnen gehört ... – ich danke Gott, der es offenbar mit allem gewollt hat für diese Freude, *allen Widerständen zum Trotz.*

In das Danke, *mit dem nun alles über mein Leben gesagt ist, schließe ich natürlich euch alle ein, meine Freunde von gestern und von heute, und euch, ihr lieben Freunde von hier, an der Seite meiner Mutter und meines Vaters, meiner Schwestern und Brüder, die ihr mir hundertfach hinzugeschenkt worden seid, wie es verheißen ist!*

Und auch du, Freund meines letzten Augenblicks, der du nicht weißt, was du tust! Ja, auch für dich soll dieses Danke *sein und dieses „A-Dieu" [dieses Hinzu-Gott], das du beabsichtigt hast. Möge es uns geschenkt sein, uns als glückliche Schächer im Paradies wiederzusehen, wenn es Gott, dem Vater von uns beiden, gefällt.*

Amen. Insch'Allah

> *Algier, 1. Dezember 1993*
> *Tibhirine, 1. Januar 1994*
>
> *Christian +*

Christian de Chergé (1937–1996)

Am 27. März 1996 ging die Nachricht um die Welt, dass sieben Mönche aus dem Zisterzienserkloster *Notre-Dame de l'Atlas* (Unsere Liebe Frau vom Atlas) in Tibhirine/Algerien entführt worden waren. Zwei Monate später schockierte die Meldung, dass sie ermordet worden seien, die vielen, die immer noch auf ihre Befreiung hofften. Die Mönche wurden am 21. Mai umgebracht; offiziell gelten sie als die Opfer eines bewaffneten Arms der GIA (= *Groupe islamique armé*, bewaffnete islamische Gruppe); doch die Hintergründe ihres Todes sind noch nicht geklärt.

Christian de Chergé war seit 1984 Prior dieser Kommunität. Er war 59 Jahre alt, als er getötet wurde.

Schon früh hatte er den Ruf verspürt, Priester zu werden. Seine Berufung reifte in einer christlichen Familie heran; in seinem Testament bezeichnet er seine tiefgläubige Mutter als seine *„allererste Kirche"*. Christians Vater, Guy de Chergé, war General der französischen Armee. Christian war der zweitälteste von acht Kindern. Während des Zweiten Weltkriegs, im Oktober 1942, wurde der Vater nach Algerien versetzt, wo er einer Artillerieeinheit vorstand. Die Familie blieb drei Jahre dort; Christian lernte somit schon als kleines Kind dieses Land kennen. Seine Mutter lehrte ihn den Respekt vor den gläubigen Muslimen. Viele Jahre später erinnerte er sich noch an die Worte seiner Mutter, die seine Verwunderung angesichts der ins Gebet vertieften Muslime bemerkt hatte: „Sie verrichten ihr Gebet. Wir dürfen nicht abfällig darüber denken; auch sie beten Gott an!"

Christian besuchte das Gymnasium der Maristen in der Pariser Rue de Monceau, wo er als zurückhaltender junger Mann in Erinnerung geblieben ist, ein wenig schüchtern, taktvoll, fröhlich und ausgesprochen gut erzogen. Er knüpfte einige feste Freundschaften, insbesondere mit Vincent Deprez, der später als Benediktiner in das Kloster von Ligugé eintrat und mit dem er weiterhin in Briefkontakt blieb. Christian wurde „Wölfling", dann „Pfadfinder" und schließlich „Ranger" in der Pfadfindergruppe seiner Schule.

Sein Vater hätte es gern gesehen, wenn er die *École polytechnique* besucht hätte, doch Christian wollte ins Priesterseminar eintreten. Um den Wünschen seines Vaters ein wenig entgegenzukommen, schrieb er sich dennoch zunächst an der Sorbonne an der juristisch-philosophischen Fakultät ein, aber im Jahr darauf, im Oktober 1956, trat er ins Seminar der Karmeliten am Pariser *Institut Catholique* ein. Seine Seminarzeit fällt in die Jahre der Vorbereitung des Zweiten Vatikanischen Konzils. 1964, also noch während des Konzils, wurde er zum Priester geweiht.

Christian de Chergé gehört zu der Generation, die den Algerienkrieg mitgemacht hat. Als Offizier einer administrativen Spezialeinheit sollte er sich um die Nöte der Bevölkerung im Djebel, nördlich von Tiaret, kümmern. 18 Monate, von Juli 1959 bis Januar 1961, blieb er dort.

Einschneidend für sein ganzes Leben wurde die Begegnung mit einem algerischen Feldhüter namens Mohammed, einem Familienvater, älter als er, ein einfacher Mann und tiefgläubiger Muslim. Zwischen den beiden entstand ein tiefes Band der Freundschaft. Christian hat erst sehr viel später davon gesprochen; bis zu seiner Ordensprofess hütete er wie ein Geheimnis, was für ihn zum Schlüsselereignis für seine mönchische Berufung in Algerien geworden war: Als es zu einem Gefecht kam, stellte sich Mohammed schützend vor Christian. Am nächsten Tag wurde er ermordet aufgefunden. Christian ging dieses tragische Geschehen zutiefst nach:

„Durch das Blut dieses Freundes habe ich erkannt, dass ich meinen Ruf in die Nachfolge Christi früher oder später in dem Land verwirklichen sollte, wo mir der größte Liebesbeweis zuteil wurde … Im gleichen Augenblick wusste ich, dass diese meine Weihe in die Form eines gemeinschaftlichen Gebets ‚gegossen' werden müsste, um ein wahrhaft kirchliches Zeugnis zu sein: ein Zeichen der Gemeinschaft der Heiligen" (T).

Ein Wort von Mohammed traf Christian nachhaltig. Als er seinem muslimischen Freund – im Wissen, dass dieser in Gefahr war – versprach, für ihn zu beten, erwiderte dieser: „Ich weiß, dass du für mich beten wirst, aber sieh doch: Die Christen verstehen nicht zu beten ..." Als Trappistenmönch in Algerien wurde Christian später zu einem „Betenden unter anderen Betenden".

Der Algerienkrieg hat in der daran beteiligten Generation bleibende Spuren hinterlassen. Für Christian stellten sich viele Fragen: nach dem Islam, nach den Rechten der Muslime, nach dem Sinn des Gehorsams. Im Nachdenken über diese Erfahrung hat er eine größere innere Freiheit gewonnen.

1960, während seines Algerienaufenthaltes, begegnete er erstmals Kardinal Duval. Die beiden Männer sollten sich wiedersehen ... Von der ersten Begegnung an war Christian beeindruckt von dem tiefen Sinn für das Evangelium, der diesen mutigen Savoyarden kennzeichnete. Wer hätte damals geahnt, dass eines Tages eine gemeinsame Trauerfeier für sie in der Kathedrale *Notre-Dame d'Afrique* (Unsere Liebe Frau von Afrika) stattfinden würde?

Zurück im Seminar der Karmeliten, trieb ihn ein Thema um: Christian wünschte sich sehnlichst, nach Algerien zurückzukehren und dort ein Leben des Gebets zu führen. Er begann Arabisch zu lernen. Während zweier Sommer nahm er an den islamisch-christlichen Begegnungen von Toumliline, einem Benediktinerkloster im marokkanischen Atlas, teil.

Am 21. März 1964 empfing er in der Kirche Saint-Sulpice die Priesterweihe. Seine Berufung zum Ordensleben in Algerien schien ihm eine sichere Sache zu sein, doch der Erzbischof von Paris, Pierre Veuillot, bat ihn, noch fünf Jahre im Dienst der Pariser Erzdiözese zu bleiben. Auf Ersuchen von Msgr. Charles, der seine Qualitäten als Zeremoniar bemerkt hatte, wurde er als Kaplan der Basilika *Sacre Coeur* auf den Montmartre gesandt. Er gestand dem Bischof seine Enttäuschung: *„So werde ich jeden Tag von der Höhe des Montmartre aus die Diözese betrachten, wo ich gerne gedient hätte"* (MCR). Mit dieser Formulierung war – ein wenig verschleiert – alles gesagt ...

Im September 1969 konnte Christian endlich in das Kloster der Reformierten Zisterzienser (Trappisten) von Aiguebelle, das Mutterhaus von Tibhirine, eintreten und sein Noviziat beginnen. Seine Ordensgelübde aber wollte er in *Notre-Dame de l'Atlas* in Tibhirine ablegen. Dort traf er am 15. Januar 1971 ein; er besuchte einen Kurs für dialektales Arabisch und legte seine ersten zeitlichen Gelübde ab. Im Jahr darauf wurde er nach Rom gesandt, wo er für zwei Jahre am PISAI, dem von Weißen Vätern geleiteten Päpstlichen Institut für Arabische und Islamische Studien, seine Kenntnisse vertiefen konnte.

Am 1. Oktober 1976, dem Fest der hl. Therese von Lisieux, der Patronin der Mission, legte Christian seine ewigen Gelübde ab. Dabei ließ er die ganze Gemeinschaft teilhaben an den Beweggründen, die seiner Präsenz in Tibhirine zugrunde lagen. Er sprach darüber, wie er durch die Freundschaft mit Mohammed den Ruf verspürt hatte, ein

„Betender unter anderen Betenden" zu werden, wie wichtig ihm eine Gemeinschaft und das gemeinschaftliche Gebet geworden waren, welchen Stellenwert die Koranlektüre und welche Bedeutung das Gelübde der *stabilitas* in Algerien, der Bindung an dieses Kloster in diesem Land, für ihn hatten.

Drei Jahre danach, 1979, zog er in einer persönlichen Krise für drei Monate auf die Hochebene von Assekrem (2900 m hoch in der Sahara gelegen) in eine der Einsiedeleien, wo Charles de Foucauld gelebt hatte.

Nach seiner Rückkehr von dieser langen Zeit geistlicher Einkehr engagierte er sich für den *Ribât-es-Salâm* („Band des Friedens"), eine von dem Weißen Vater Claude Rault gegründete Dialoggruppe. Bald schlossen sich Muslime der Sufi-Bruderschaft Alawiya an; die Gruppe traf sich regelmäßig im Kloster. Der *Ribât* spielt in der Entwicklung Christians wie der Mönchsgemeinschaft als Ganzer eine wichtige Rolle: Dort fanden Christen und Muslime in einem Klima gegenseitigen Respekts und Vertrauens eine Gelegenheit zu lebendigem Austausch und gemeinsamem Gebet.

Auch das Leben mit den Nachbarn gehört zu den Kernelementen der Erfahrung von Tibhirine. Nach ihrer Gründung 1934 besaß die Abtei 400 Hektar Land, das auf Drängen von Kardinal Duval wieder aufgeteilt wurde, als Algerien die Unabhängigkeit erlangte. Die dem Kloster verbliebenen 14 Hektar wurden genossenschaftlich verwaltet; sie wurden von den Mönchen zusammen mit ihren Nachbarn bebaut. So waren sie tagtäglich im Kontakt. Bruder Luc, ein Arzt, behandelte über viele Jahre die Kranken der Gegend in der im Kloster eingerichteten Krankenstation. Er war weithin bekannt und allseits geschätzt. Als die Bewohner von Tibhirine nicht die nötigen Mittel für den Bau einer kleinen Moschee aufbringen konnten, boten die Mönche ihnen innerhalb der Klostermauern einen Platz fürs Gebet an. *„Die Rufe zum Gebet, die von unserer Glocke oder vom Muezzin kommen, schaffen unter uns einen heiligen wechselseitigen Wettstreit"* (7V 69).

Christian war ein eifriger Koranleser. Er meditierte die Suren und bekundete, dass es für ihn eine echte Erfahrung mit Gottes Wort sei. *„Nicht selten hatte ich den Eindruck, dass im Lauf einer zunächst schwierigen und verwirrenden Lektüre aus dem Koran so etwas wie eine Kurzfassung des Evangeliums aufleuchtete"* (IE 178). Die Voraussetzung dafür sei, so Christian de Chergé, *„ein armes, entwaffnetes Herz, das bereit ist, jedem Wort zu lauschen, das aus dem Mund des Allerhöchsten kommt"* (EM 11).

Auch wenn seine persönlichen Überzeugungen nicht von allen gleichermaßen geteilt wurden, wurde Christian 1984 zum Prior gewählt. Die Ankunft mehrerer Mönche brachte frischen Wind in die Gemeinschaft. Eine Ansprache von Papst Johannes Paul II. im August 1985 in Casablanca vor 80 000 jungen Muslimen bestärkte Christian in seiner Berufung im „Haus des Islam". Noch wichtiger war in dieser Hinsicht die Versammlung von Vertretern der Weltreligionen mit dem Papst in Assisi am 27. Oktober 1986 anlässlich des von den Vereinten Nationen ausgerufenen „Internationalen Jahrs des Friedens". In ihrer Haltung zum interreligiösen Dialog waren sich Johannes Paul II. und Christian de Chergé erstaunlich nahe.

1990 wurde Christian als Prior wiedergewählt; wenige Tage vor der geplanten Wiederwahl 1996 wurden er und sechs weitere Mönche entführt.

Der Heilige Abend 1993 markiert einen entscheidenden Wendepunkt im Leben Christians wie der ganzen Kommunität. Die Lage in Algerien hatte sich seit dem Oktober 1988 zugespitzt. 1989 gewann der FIS (*Front Islamique de Salut* = Islamische Heilsfront) die Kommunalwahlen. 1991 beschloss die Regierung, den Demokratisierungsprozess zu unterbrechen. Algerien geriet in einen Strudel der Gewalt; es kam zu einer ganzen Serie von Attentaten. Im Oktober 1993 stellte der GIA den Ausländern ein Ultimatum: Sie hätten vor dem 1. Dezember 1993 das Land zu verlassen. Am 14. Dezember wurden 14 kroatische Arbeiter, die im Atlasgebirge an der Bohrung eines Tunnels mitarbeiteten, in Tamesguida, vier Kilometer vom Kloster entfernt, ermordet. Die Mönche kannten sie gut; vor allem an den großen Festen waren die Arbeiter zu ihnen gekommen.

In diesem Klima der Gewalt bekamen die Mönche zehn Tage später, am Heiligen Abend, „Besuch" von den „Brüdern der Berge". So nannten sie die Islamisten des GIA. Sechs bewaffnete Männer verlangten den „Papst dieses Ortes" zu sehen. Der Anführer, Emir Sayah Attiyah, verlangte Geld und Medikamente und wollte den Arzt, Bruder Luc, abführen, damit er die Verwundeten behandle. Obwohl man Christian sagte, er habe keine Wahl, ging er nicht auf die Forderungen ein: Bewaffnet könne er sie nicht innerhalb der Klostermauern empfangen. Er führte den Emir hinaus und erklärte ihm die Bedeutung des Weihnachtsfestes. Die Sache ging für die Mönche gut aus, doch der Vorfall hatte für die Kommunität einschneidende Folgen. Der Anführer hatte versprochen wiederzukommen. Nach langem Nachdenken über den Sinn ihrer Präsenz entschieden sich die Brüder, trotz der Gefahr zu bleiben; sie wollten ihrer Berufung, diesem Land, der Kirche in Algerien und ihren Nachbarn, die ihnen mehr denn je ihre Freundschaft bekundeten, die Treue halten.

Die drei Jahre, die der Entführung vorausgingen, waren ein langer Weg innerer „Entwaffnung". Christian betete oft: *„Entwaffne sie, entwaffne mich!"* In diesen Jahren gab es eine Reihe von Morden an Ordensmännern und -frauen. In dieser Zeit wurde übrigens auch Emir Sayah Attiyah ermordet.

Am 25. März 1996 versammelten sich in Tibhirine die Mitglieder des *Ribât*, die wegen der veränderten Lage seit einem Jahr nicht mehr zusammengekommen waren. Die Versammlung stand unter dem Thema: „O Gott, du bist meine Hoffnung auf dem Antlitz aller Lebenden." In der Nacht vom 26. auf den 27. März suchte eine Gruppe von Partisanen das Kloster auf. Sie meinten, im Kloster lebten sieben Mönche. Normalerweise waren es acht, doch an diesem Abend war auch Bruno, der Prior der Mönchsgemeinschaft von Fès/Marokko, zugegen, der wegen der für den darauffolgenden Sonntag angesetzten Wahl des Priors angereist war. Die Männer vom GIA entführten sieben Mönche. Zwei haben sie übersehen: Frère Amédée und Frère Jean-Pierre. Es war zwei Uhr nachts. Die Umstände ihrer Entführung wie auch die Unfähigkeit, die Entführten aufzuspüren, erscheinen suspekt. Wer auf Seiten der Islamisten und des algerischen Militärs oder der Regierung welche Verantwortung trägt, was die französische Regierung wusste: das alles ist noch nicht geklärt. Am 23. Mai wurde durch ein dem GIA zugeschriebenes Kommuniqué bekannt, dass die Entführten hingerichtet worden seien. Die Nachricht rief allgemeine Bestürzung hervor.

Am 2. Juni fand in Algier in der Kathedrale *Notre-Dame d'Afrique* die Trauerfeier statt – für die ermordeten Mönche und den in jenen Tagen verstorbenen Kardinal Duval. Sein Sarg stand inmitten der Särge der Mönche. Christian de Chergé wurde mit seinen Brüdern von Tibhirine auf dem dortigen Klosterfriedhof beigesetzt – in Algerien, in dem Land, für dessen Volk er, der in aller Einfachheit ein „Betender unter anderen Betenden" sein wollte, sein Leben gegeben hatte.

Meditationen zu Texten
von Christian de Chergé

I – Ein Haus des Gebets

„Ich bin ein ‚Haus des Gebets ...' Der heilige Paulus bezeichnet mich als ‚Tempel des Heiligen Geistes'. Ich bin getauft – von Gott und für Gott. Im Gebet weiß ich darum; es baut mich auf. Gewiss, ich bin getauft für die Liebe. Aber der Geist Jesu Christi lässt mich verstehen, dass Beten und Lieben ein und dasselbe sind.

Darum hat er mich so gemacht, dass der Himmel über mir offen bleibt (wie bei einem Haus ohne Dach).

Ich muss ihm nicht aufmachen; er kommt und wirkt von innen her. So weiß man nie genau, woher er kommt, und schon gar nicht, wie man sich selbst in der Liebe ‚erbauen' sollte" (IE 46).

„*Ich bin ein ‚Haus des Gebets'.*" Jeder Mensch ist Tempel des Heiligen Geistes, Ort der Gegenwart Gottes: Gott wollte in uns Wohnung nehmen.

Im Tempel wird Gott verehrt; er ist ein Ort des Gebets. Ich selbst bin ein solches „Haus des Gebets", das Gott selbst sich erwählt hat. Jesus sagt: „Wenn jemand mich liebt, wird er an meinem Wort festhalten; mein Vater wird ihn lieben und wir werden kommen und *bei ihm wohnen*" (Joh 14,23). Unser Leib ist dieser Tempel. Das Christentum kennt keinen anderen. „Wisst ihr nicht, dass ihr Gottes Tempel seid und der Geist Gottes in euch wohnt?" (1 Kor 3,16), schreibt Paulus. Jesus hat die Religionsgeschichte regelrecht revolutioniert, indem er den Blick vom äußeren, von Menschenhand erbauten Tempel zum inneren Tempel gelenkt hat. Die „Frommen" haben damit ihre Schwierigkeiten und widersetzen sich: Hier liegt ein Grund dafür, dass die Hohenpriester Jesus verurteilten. Denn dieser Mensch hatte gesagt: „Reißt diesen Tempel nieder, in drei Tagen werde ich ihn wieder aufrichten …"; Jesus aber, so heißt es weiter, „meinte den Tempel seines Leibes" (Joh 2,19–21).

Dass der Mensch „Haus Gottes" ist, hat wichtige ethische Konsequenzen: Wie könnte es jemals toleriert werden, dass ein Mann, eine Frau, ein Kind in ihrer Würde verletzt werden – durch Gewalt, Folter, Hunger oder Ausgrenzung?

Auch für das geistliche Leben hat es weitreichende Konsequenzen, dass der Mensch „Haus Gottes" ist: Als lebendiger Tempel ist er dazu berufen, mehr und mehr zu einem Ort der Zwiesprache mit dem zu werden, der in ihm „wohnt".

Teresa von Avila spricht von der „Seelenburg", einer „inneren Burg" mit sieben Wohnungen. Es geht darum, sich auf den Weg nach innen zu machen: von einem stets gefährdeten Leben voller Äußerlichkeiten hin zu einem Leben in einer Innerlichkeit, in der wir *ganz* werden und aus der heraus wir alles Nötige tun können. Teresa von Avila sagt uns, nicht ohne Humor, dass man nicht schlafen darf, wenn man dem Gast im Innern einen Raum bereiten will, wo man sich mit ihm unterhalten und immer wieder seine Gemeinschaft suchen kann. In diesem „inneren Haus" müssen nicht viele Gebete aufgesagt werden. Wichtig ist vielmehr, dass der „Seelengast" willkommen ist und Aufnahme findet. Wenn das geschieht, dann beginnt das Gebet …

Christian de Chergé hat das Bild von einem Tempel unter freiem Himmel geprägt. Wir gleichen einem nach oben geöffneten Haus. Was dem Herzen des Menschen entspringt, findet ungehindert den Weg „nach oben": das Staunen und der Dank für das Schöne im Leben, die Furcht und Angst, die vielen Sorgen, das Leiden und das Seufzen über all das Unfertige und Unvollkommene, die Freude über Momente des Glücks und tiefen Friedens …

Die Psalmen bringen all diese oft auch vermischten Befindlichkeiten der menschlichen Seele zum Ausdruck, die jeder aus eigener Erfahrung kennt. Und sie bringen sie vor Gott.

Dies ist Gebet: nicht äußerliches Tun, nicht Frucht einer Willensanstrengung, nein: Es entspringt aus dem Innersten des Menschen, es geht hervor aus dem, was er in seiner ganzen Leiblichkeit ist und in seiner Lebensgeschichte geworden ist. Es ist von innen her inspiriert, man kennt es manchmal selbst kaum. Das Gebet ist die innerste

Bewegung eines Menschen; in gewisser Weise bete ich, wie ich atme.

Eine Umfrage lieferte ein merkwürdiges Ergebnis: Es gab mehr Menschen, die sagten, sie würden beten, als Menschen, die sagten, dass sie glauben! Offenkundig beten viele, ohne sich bewusst zu sein, was sie da eigentlich tun. Oft kennen sie den Namen des Adressaten ihres Betens nicht, doch das Haus des Gebets ist immer nach oben offen …

Wir werden zu Menschen des Gebets, wenn wir das Seufzen des Herzens zulassen, das so oft einem sichtbaren oder auch verborgenen Leid, der Angst und Sorge entspringt. Wir seufzen, weil uns etwas Entscheidendes fehlt, weil wir eine tiefe Sehnsucht im Herzen haben, ein unstillbares Verlangen nach einem erfüllten Leben.

„Meine Seele dürstet nach Gott, nach dem lebendigen Gott. Wann darf ich kommen und Gottes Antlitz schauen?" (Ps 42,3).

„Gott, du mein Gott, dich suche ich, meine Seele dürstet nach dir. Nach dir schmachtet mein Leib wie dürres, lechzendes Land ohne Wasser" (Ps 63,1).

Wir werden Menschen des Gebets, wenn wir uns vom Staunen und Glück erfassen lassen. An manchen Tagen oder in bestimmten Stunden „singt es in einem". Es ist wie eine zarte Melodie, deren Noten die kleinen Glücksmomente sind: die Freude am Leben und an dem, was es uns schenkt, die

Freude darüber, Freunde zu haben, beisammen sein zu können … Es gibt das Glück, sich geliebt zu wissen und in Gottes Hand zu sein, das Glück über die eigene Berufung, über den Ruf, den man so tief verspürt hat, dass man mit dem Psalmisten ausrufen kann: „Auf schönem Land fiel mir mein Anteil zu. Ja, mein Erbe gefällt mir gut" (Ps 16,6).

Wenn aus dem Herzen ein Lobgebet aufsteigt, ist das Glück vollkommen; denn für den Lobpreis sind wir gemacht. Darin besteht die erste und letzte Berufung des Menschen. Und der Lobpreis seinerseits verändert mit der Zeit die Weise, wie wir uns in der Welt bewegen, bis in unser ganz alltägliches Leben hinein.

Dieses facettenreiche, aus dem Inneren kommende Gebet geht dem Willen zu beten voraus. Es ist schon da, im Grunde des Herzens. Es kommt nicht aus uns selbst, sondern vom Heiligen Geist, der in uns ist. Wie Christian de Chergé sagt: *„Ich muss ihm nicht aufmachen, denn er kommt und wirkt von innen her."* Der Heilige Geist und unsere menschliche Befindlichkeit vereinen sich in einem einzigen Gebet. Der großartige Schluss der Offenbarung des Johannes bringt diesen Zusammenklang, diese Verbindung kraftvoll zum Ausdruck: „Der Geist und die Braut sagen: Komm!" (Offb 22,17). „Komm!", das ist ein Wort aus der Sprache der Liebenden. Weiter heißt es: „Wer durstig ist, der komme. Wer will, empfange umsonst das Wasser des Lebens" (Offb 22,17). *„Beten und Lieben sind ein und dasselbe!"*

So steigt aus dem „Haus des Gebets", das wir sind, ein persönliches Gebet in den offenen Himmel, zum Vater. In diesem „persönlichen Gebet" bekenne und akzeptiere ich, *„dass ich b e g i e r i g bin* [frz.: avide] *und – als erstes – dass ich l e e r bin* [a vide], *wunschlos, um mehr dem zu entsprechen, was Gott will"* (IE 46f).

Der Mensch des Gebets ist begierig: Die Sehnsucht ist der Motor des Gebets! Umgekehrt gilt, was der heilige Augustinus im „Brief an Proba" (Ep. 130) schreibt: „Durch unser Gebet soll unser Verlangen gestärkt werden." Der Mensch des Gebets ist ein Mensch der Sehnsucht.

Doch das Haus des Gebets ist auch ein Ort des Mangels. Der Mensch des Gebets ist „leer". Er verspürt in seinem Herzen einen Mangel, eine tiefe Leere, die er gefüllt sehen möchte. Das Gebet ist Ausdruck dieses Durstes eines jeden Menschen. Der Mensch des Gebets lässt diese Bedürftigkeit, diese Armut zu, durch die unsere Sehnsucht gereinigt wird wie Gold im Schmelztiegel. Verlangen und Mangel, das sind zwei Seiten einer einzigen Medaille.

Wenn wir dem vielgestaltigen Gebet, das im Herzen von uns allen „wohnt", Zeit und Raum geben, damit es Form annehmen kann, dann weckt es einen unstillbaren Durst: das Verlangen nach Begegnung, nach Liebe in Fülle. Es vermittelt jetzt schon eine Ahnung, einen Vorgeschmack der Liebe, die uns am Ende der Geschichte erwartet.

Stockwerk für Stockwerk wird so das Haus des Gebets erbaut. Die Sehnsucht bleibt dieselbe …

Das ganze Leben kann Gebet werden. Es geht nicht darum, dass wir unsere Zeit mit viel Beten verbringen; schließlich warten vielerlei Aufgaben auf uns. Aber alles, was wir tun, kann an diesem tiefen Verlangen teilhaben und es vertiefen – unter einer Voraussetzung: Wir dürfen nicht nur „draußen", sondern müssen „drinnen" leben. Wir haben eine Wahl zu treffen: Wir müssen das „Haus des Gebets" bewohnen *wollen* und sollten uns nicht in allem Möglichen verlieren …

„Nur eines erbitte ich vom Herrn, danach verlangt mich: Im Hause des Herrn zu wohnen alle Tage meines Lebens, die Freundlichkeit des Herrn zu schauen und nachzusinnen in seinem Tempel" (Ps 27,4).

II – Der größte Liebesbeweis

„Als ich das Mannesalter erreicht hatte und wie meine ganze Generation mit der harten Realität des Konflikts dieser Zeit konfrontiert war, wurde mir das Geschenk zuteil, einem reifen Menschen zu begegnen, der meinen Glauben befreit hat: Durch ihn habe ich gelernt, dass der Glaube in einem Klima der Einfachheit, der Offenheit und des Gottvertrauens Ausdruck finden muss und dabei in großer Selbstverständlichkeit alles umfasst: Beziehungen, Ereignisse, die kleinsten Dinge des Alltags.

Unser Dialog war ein Dialog der Freundschaft, still und vertrauensvoll, mit Gott als Horizont über allem Gewirr … Er wusste, dass ich Seminarist war, und ich sah, wie er mit frohem Herzen seine Gebete verrichtete und fastete. Dieser Mensch ohne besondere Bildung war nicht groß im Reden. Und er war außerstande, seine Brüder oder Freunde für andere zu verraten; er hat sein eigenes Leben aufs Spiel gesetzt, obwohl er für zehn Kinder zu sorgen hatte. Er hat diese Hingabe konkret werden lassen, indem er in einem Handgemenge mit seinen Brüdern einen Freund, der gefährdeter war als er selbst, zu schützen versuchte. Durch das Blut dieses Freundes habe ich erkannt, dass sich mein Ruf in die Nachfolge Christi früher oder später in demselben Land zu verwirklichen habe, wo mir der größte Liebesbeweis geschenkt worden ist …" (T).

Christian de Chergé war Seminarist, als sich die hier geschilderte Begebenheit zutrug. Wie viele junge Franzosen hat er den Algerienkrieg mitgemacht. Er hatte sich mit dem Feldhüter Mohammed angefreundet. Dass sie einander begegneten, war für Christian kein Zufall: Er schreibt, es sei ihm geschenkt worden, „einem reifen Menschen zu begegnen". Wenige Begegnungen sind das Ergebnis des Zufalls! Der Muslim Mohammed hilft dem Seminaristen Christian, den Glauben – wie Christian es formuliert – „zu befreien", ganz einfach zu werden, sich vertrauensvoll fallen zu lassen und aus diesem Vertrauen den Alltag zu leben. Und dieser Freund wird getötet, weil er sich schützend vor Christian stellt! Christian ist zutiefst erschüttert.

Für ihn ist Mohammeds Tat „der größte Liebesbeweis", der ihm hätte zuteil werden können. Er findet darin das Wort Jesu verwirklicht: „Es gibt keine größere Liebe, als wenn einer sein Leben für seine Freunde hingibt" (Joh 15,13). *„Mohammed hat es verstanden, sein Leben zu geben wie Christus."* Faktisch hat er Jesus Christus nachgeahmt, indem er sich selbst hingegeben hat. Was Mohammed getan hat, findet Christian wieder in der Hingabe Christi; fortan ist Mohammed ihm *„in jeder Eucharistiefeier ganz präsent in der Wirklichkeit seines verherrlichten Leibes, wo seine Lebenshingabe ihre ganze Bedeutung für mich und für die Vielen gewinnt"* (T).

Christian lässt sich von der Opferbereitschaft dieses gläubigen Menschen nicht nur emotional anrühren und belässt es nicht dabei, ihn in dankbarer Erinnerung zu behalten: Er lässt sich davon *verändern*. Diese Tat klingt in seinem Innern nach – bis ans Ende seines eigenen Lebens.

Für Christian kommt sie einem persönlichen Anruf gleich, einer neuen Berufung. Schon lange hatte er sich innerlich gebunden; der Entschluss zu einem gottgeweihten Leben als Priester war längst gefallen. Doch dass Mohammed sein Leben für ihn gab, hat diese Berufung konkretisiert: Christian findet seine Berufung zu einem monastischen Leben in Algerien – durch einen Muslim! Von nun an will er ein „Betender unter anderen Betenden" sein. Er will niemanden belehren, wie könnte er? Hatte Mohammed ihm nicht gesagt, die Christen verstünden es nicht zu beten? Christian bekennt: *„Ich wusste, dass ich ihnen keine Unterweisung im Beten zu geben hätte."* Ganz bewusst verzichtet er darauf, andere bekehren zu wollen; seine eigene „Bekehrung" war ja ein Geschenk, das ihm durch Mohammed zuteil geworden war.

Zeit seines Lebens kommt Christian auf dieses Schlüsselerlebnis zurück. In dieser Tat der Liebe gründete seine Berufung. Und sie hat ihm ein neues Verständnis des Mysteriums der Eucharistie aufgetan. Was Mohammed getan hat, war gleichsam eine eucharistische Handlung. Christian geht auf: Die Eucharistie ist nicht nur „für euch" (d. h. sie betrifft nicht nur die versammelten Christen), sondern „für euch und die Vielen", „für euch und für alle". Wenn ein Muslim „eucharistisch" gelebt hat, ist dies nicht ein Zeichen, dass alle Menschen am Mysterium der Eucharistie teilhaben können?

Christian, der Beschenkte, der in der Lebenshingabe des Freundes die Hingabe Christi wiedererkennt, sollte seinerseits sein Leben hingeben. Wir berühren hier das Geheimnis des Schenkens: Empfangenes Leben wird zum geschenkten Leben; es ist ein „wunderbarer Tausch", der in jeder eucharistischen Feier aufs Neue Wirklichkeit wird.

Nicht viele Menschen können wie Christian sagen, dass sie ihr Leben der Lebenshingabe eines anderen verdanken. Aber gewiss hat jeder Mensch einen „Vorschuss an Liebe" erhalten: Liebe, die einem „einfach so" zuteil wird, ohne dass man sie mühsam erwerben oder sie sich verdienen müsste. Solche Liebe kennt viele Formen. Sie ist es, die zwei Menschen bewegt, miteinander zu leben. Sie nimmt Gestalt an im freudigen Ja über die Geburt eines Kindes. Sie ist es, die großartige Freundschaften zuwege bringt. Sie kann sich auch in einem Leben des Gebets oder einer besonderen Berufung äußern … Die Erfahrung, geliebt zu sein, setzt etwas in Bewegung. Sie konkretisiert sich für jeden anders. Dem Heiligen Geist mangelt es nicht an Fantasie, wenn es darum geht, uns die Liebe des Vaters im Himmel nahezubringen! Durch die Liebe, die ein jeder empfängt, kann er Gottes Liebe kennenlernen, die sich in seinem Leben auf je eigene Weise zeigt.

Zu dieser Quelle der geschenkten Liebe sollten wir immer wieder zurückkehren. Lassen wir uns davon staunend berühren. Solange ein Geschenk nicht ausgepackt wird, bleibt es ein bloßes Päckchen, das darauf wartet, geöffnet zu werden. So ist es mit den Geschenken, die Gott den Menschen macht ...

In dem Maß, wie jemand über das ihm Geschenkte staunen und dafür danken kann, wird er nach Wegen suchen, wie er darauf antworten kann. Wer sich geliebt weiß, wer Liebe erfährt und dafür danken kann, der vermag sich seinerseits zu verschenken, bis zum Ende, bis zum Äußersten.

Doch es ist weit schwieriger, sich lieben zu lassen, als zu lieben. Es fällt schwer, an die Liebe des anderen zu glauben, sie anzunehmen, sich vorzustellen, dass man liebens-wert sein könnte. Es fällt schwer, jemanden an sich heranzulassen und sich gar die Füße waschen zu lassen.

„Wenn ich dich nicht wasche, hast du keinen Anteil an mir" (Joh 13,8), sagt Jesus zu Petrus, der sich sträubt, als Jesus ihm die Füße waschen will: Wenn du dich nicht lieben lässt, findest du nicht hinein in das Mysterium des Schenkens. Gewiss, du kannst deine Großzügigkeit unter Beweis stellen und alles Mögliche für andere tun, du magst sie überschwemmen mit deiner Großzügigkeit, aber wenn du dich nicht lieben lässt, dann trittst du nicht wirklich ein in das eucharistische Geheimnis. Niemand gibt wirklich sein Leben, wenn er sich nicht lieben lässt ...

Christian de Chergé schreibt in einem schon zitierten Text: *„Im gleichen Augenblick wusste ich, dass diese meine Weihe in die Form eines gemeinschaftlichen Gebets ‚gegossen‘ werden müsste, um ein wahrhaft kirchliches Zeugnis zu sein: ein Zeichen der Gemeinschaft der Heiligen"* (T).

Berufung, das ist eine Liebesgeschichte. Doch die Wege Gottes sind nicht unsere Wege. Sie sind immer wieder eine Überraschung. Christian hätte wohl nie daran gedacht, dass er durch einen Muslim seine Berufung zu einem Leben als Mönch in Algerien verstehen würde. Wer auf die eigene Lebensgeschichte zurückblickt und darüber nachdenkt, wird sich oft wundern, wie ihn Gottes Ruf erreicht hat. Man muss aufmerksam sein, bestimmten Ereignissen und Begegnungen den ihnen gebührenden Wert beimessen. Im Hebräerbrief heißt es im Blick auf die biblische Erzählung von den drei Besuchern im Haus Abrahams und Saras, einige hätten, „ohne es zu ahnen, Engel beherbergt" (Hebr 13,2). Die Menschen, die wir treffen, können Gottesboten für uns sein. Wer aufmerksam hinschaut, merkt, dass es immer wieder Ereignisse im Leben gibt, über die er nur staunen kann. Und er merkt, dass er allen Grund hat, mit Gottes Überraschungen zu rechnen.

Christian kommt häufig, offen oder – meist – implizit auf die Quelle seiner Berufung zu sprechen. Viele Gedankengänge, viele Reflexionen sind davon geprägt. Auch für uns ist es gut, uns öfter an unsere eigene Geschichte zu erinnern. Nicht umsonst denken die Christen in der Eucharistiefeier in einer lebendigen Erinnerung an die Heilsgeschichte – und daran, wie dieses Heil in ihre eigene Geschichte Eingang gefunden hat.

III – Kreuzweg

„Wie wäre es, wenn wir mal über das Kreuz sprechen würden?", fragte mich einer unserer sufistischen Freunde neulich auf der Rückfahrt von Marokko, wo er zusammen mit unseren Brüdern von Fès an den Exerzitien teilgenommen hatte. Wenn wir über das Kreuz sprächen …

– Welches?, fragte ich ihn.

– Das Kreuz Jesu natürlich.

– Ja, aber welches? Wenn du ein Bild von Jesus am Kreuz betrachtest, wie viele Kreuze siehst du dann?
Er zögerte.

– Vielleicht drei … Sicher zwei: eins vorn und eins hinten. – Und welches kommt von Gott?

– Das vordere!, sagte er.

– Und welches kommt von den Menschen?

– Das hintere …

– Und welches ist älter?

– Das vordere … Das heißt, die Menschen konnten das andere nur deshalb ersinnen, weil Gott zuerst das erste geschaffen hatte.

– Und welchen Sinn hat dieses vordere Kreuz, dieser Mann mit den ausgestreckten Armen?

-- Wenn ich die Arme ausbreite, dann – so antwortete er – um zu umarmen, um zu lieben.

– Und das andere?

– Das ist das Werkzeug verstellter, verunstalteter Liebe, Instrument eines Hasses, der das Zeichen des Lebens erstarren lässt und zugrunde richtet.

Der muslimische Freund sagte: ‚Vielleicht drei …‘ Dieses dritte Kreuz, war es nicht meines, war es nicht seines, das Kreuz der Anstrengung, mit der wir uns von dem hinteren Kreuz distanzieren, uns frei machen von dem Kreuz des Bösen und der Sünde, um uns am vorderen festzumachen: am Kreuz der gewinnenden Liebe?" (7V 105).

Das „vordere Kreuz"

Der Mensch ist kreuzförmig, nach der Art eines Kreuzes geschaffen. „Er strecke die Hände aus; dann wird es klar", sagt Bernhard von Clairvaux. Christian schreibt dazu: *„Dort beginnt die Herrlichkeit; dort liegt der Anfang jenes ‚glorreichen Kreuzes‘: in der Erschaffung des Menschen nach dem Bilde Gottes"* (7V 105). Wir Menschen können die Arme öffnen, und es geschieht immer wieder; man muss nur hinsehen. Das kleine Kind, das seine ersten zögerlichen Schritte macht, stürzt sich in die offenen, bergenden Arme des Vaters oder der Mutter. Mann und Frau schließen sich in die Arme. In der Eucharistiefeier breitet der Priester die Arme aus und umschließt so die Vielen. Viele Christen sprechen mit geöffneten Händen das Gebet des Sohnes, das Vaterunser. Nichts ist mehr „nach dem Bild und Gleichnis" des Vaters als solche offenen Arme! Das ist das Kreuz, das Gott erfunden hat. Er hat den Menschen kreuzförmig geschaffen und damit seinem Leib seine Berufung, seine Bestimmung eingeschrieben: sich zu öffnen für ein Leben in der Dimension des Universums, offen zu sein für die anderen. Dies ist das „vordere Kreuz", das von Gott geschaffene.

Doch dieses Kreuz ist zerbrechlich. Es ist gefährdet. Wie schnell zieht sich der Mensch in sich selbst zurück und verschließt sich! Aus Furcht, sein Glück könnte bedroht sein; aus Angst, es zu verlieren ... „Die Arme sind der Schatten eines Kreuzes, doch wenn der Mensch sein Glück festhalten will, zerdrückt er es", heißt es in einem Wort von Aragon. Die Arme umschließen den Ehegatten immer fester, zu fest – aus Furcht, ihn zu verlieren. Kinder werden festgehalten, weil die Eltern sich nicht von ihnen lösen können ... Man klammert sich an irgendwelche Dinge, die einem die Illusion von Sicherheit vorspiegeln ...

Das vordere Kreuz, das ist der Mensch, der mit offenen Armen geschaffen wurde, um zu lieben. Doch dazu müssen die Arme offen bleiben: Wir müssen anerkennen, dass die, die wir lieben, uns nicht gehören.

DAS „HINTERE KREUZ"

Wenn das vordere Kreuz von Gott geschaffen wurde, so ist das hintere eine Erfindung der Menschen. Es ist das Holz, an das die Liebe auf brutale Weise geschlagen wird.

Jesus verkörperte die Liebe und die Freiheit; mit offenen Armen hat er die aufgenommen, die ihm unterwegs begegneten. Doch er wurde ans Holz geschlagen von den religiösen Führern und den politischen Machthabern. Der Kuss des Verrats hat ihn getroffen wie die Lanze, die seine Seite durchstach. Die Verleugnung durch seine nächsten Vertrauten hat die Dornenkrone geflochten. Das hintere Kreuz ist das Kreuz der verratenen Liebe.

Wer kennt nicht die Erfahrung des „hinteren Kreuzes"? Wie viele Dramen, wie viele unschuldige Opfer, wie viele Fälle von Folter, Missachtung, Mord, himmelschreiendes Unrecht … Schlimm aber sind auch Erfahrungen, die jeden treffen können: die Erfahrung, dass man ausgerechnet da verletzt, verwundet wird, wo man liebt. Es ist, als würde man gekreuzigt, wenn einem der Tod einen geliebten Menschen nimmt. Das Leben wie der Tod können Menschen trennen, die einander lieben. Es tut weh, wenn man an dem Punkt getroffen wird, wo man seine ganze Kraft eingesetzt hat … Wie der Mensch, der die Arme ausbreitet, dem Bild Gottes ähnlich ist, so ist Gott in seinem gekreuzigten Sohn denen ähnlich, die das Risiko der Liebe eingegangen sind und darunter leiden.

Das zweite Kreuz erlöst nicht! Es gibt keinen Grund, es zu rechtfertigen; es gibt aber auch keinen Grund, deshalb Gott zu lästern. Es ist das Leiden, das die gottlose Welt Gott auferlegt, können wir in Anlehnung an Dietrich Bonhoeffer sagen. Jeder leidet unter diesem absurden Leiden. Die Jüngerinnen und Jünger Jesu erkennen darin das Jesus zugefügte Leid – und in ihm ihr eigenes. In vielen Kreuzesdarstellungen werden unsere Leiden auf Jesus „übertragen": Sie zeigen einen gequälten, entstellten Christus. Eine Gefahr freilich liegt darin: Das dritte Kreuz, von dem gleich zu sprechen ist, wird dadurch verschleiert. Alte romanische Kreuze waren anders: Sie zeigen ein gelöstes Antlitz mit offenen Augen, die Frieden ausstrahlen. Sie lenken den Blick auf einen anderen Aspekt: auf jenes dritte Kreuz, das der muslimische Freund erahnt hat. Es ist das Kreuz, an dem das Leid schon durch die Liebe verwandelt ist …

Wie viele Kreuze siehst du …?

Es gibt „zwei, vielleicht drei Kreuze …" Das erste, das vordere: der Mensch, in Kreuzform geschaffen, um die Arme auszubreiten und zu lieben. Das zweite: das der gekreuzigten Liebe. Das dritte ähnelt auf sonderbare Weise dem ersten – und genau darin liegt sein Sinn. Denn im dritten Kreuz geschieht die Erlösung. Nur wer liebt, kennt den Schmerz der Trennung. Wer die Kirche liebt, kann auch unter ihr leiden. Wer liebt, leidet an der Welt, die er doch vom Geist durchwaltet weiß …

Das „dritte Kreuz", das ist der Preis, den es kostet, *trotz allem* immer wieder zu lernen, die Arme auszubreiten – genau da, wo uns das Leben zusetzt, wo wir verletzt werden, wo es weh tut. In Zeiten der Trauer, in Erfahrungen von Trennung, Unverständnis, Verrat, Unrecht neigen wir dazu, uns zu verschließen, uns zurückzuziehen. Es ist eine natürliche, verständliche Reaktion, doch sie kann zur Verbitterung führen. Man hegt Groll oder stumpft ab, man igelt sich ein oder weicht aus …

Doch es gibt einen anderen Weg: den Weg, den das Kreuz Christi uns aufgetan hat. Es ist unser „Kreuzweg", der je neue Weg vom hinteren, uns auferlegten Kreuz zum vorderen, an dem wir Christus begegnen, seiner uns immer wieder empfangenden Liebe.

Immer neu lernen, die Arme zu öffnen … Glauben, dass das Leben trotz aller Trennung weitergeht …, dass die Liebe alle Barrieren des Hasses durchdringt …, dass die Liebe den anderen befreit …, dass die Treue stärker ist als der Verrat … Wer sich auf diesen Weg begibt – es ist ein wirklicher Kreuzweg! –, der wird den Prüfungen und der Einsamkeit standhalten … Viele Menschen gehen in irgendeiner Weise auf diesem Weg. Zum Beispiel, wenn jemand die Arme öffnet, wo er allen Grund hätte zu sagen: Jetzt reicht es!

Wir sagten, das dritte Kreuz sei dem vorderen verblüffend ähnlich: Wie dieses hat es die Form offener, ausgebreiteter Arme. Vordergründig gibt es keinen Unterschied: Da ist jemand mit geöffneten Armen. Doch es ist etwas geschehen: Er hat sie geöffnet, ohne bei den Verwundungen stehenzubleiben. Verwandeltes Leiden … – der Weg zur Auferstehung, zum neuen Leben.

Dieser Weg ist unser Kreuzweg. Er ist uns auferlegt durch die Blessuren, die uns das Leben zufügt. Mehr noch: Wir können einwilligen, können diesen Weg ganz bewusst mit Christus gehen, indem wir – langsam vielleicht – lernen, wieder die Arme zu öffnen, und uns aufs Neue darauf einlassen zu lieben.

„Brüder und Schwestern, wir wissen sehr wohl, dass genau dieser Übergang von dem einen zu dem anderen Kreuz unser Kreuzweg ist. Er ist zugleich der Weg zur Verherrlichung: Auf diesem Weg nimmt uns Jesus mit hinauf zum Vater, der uns mit offenen Armen erwartet!" (7V 105).

IV – Umkehr

„*Komm zum Vater! – Dieser Schrei, den der Heilige Geist unter vielerlei Trümmern in unser Herz hineingelegt hat, ist derselbe, der aus dem Herzen des Sohnes hervorbricht und zum Himmel dringt …*

Wieder Söhne (und Töchter) werden in d e m Sohn. Diese Umkehrbewegung beinhaltet einen Elan, eine Dynamik, die aus Gott und in Gott ist; denn sie ist der Sieg des Geistes über alle unsere Irrwege. Sie führt uns auf den Weg zurück, auf die Bahn des Logos, der in seiner Hinwendung zum Vater von Ewigkeit her der Sohn ist. Dieser ewigen ‚Umkehr‘ des Sohnes entspricht die des Vaters, der sich dem Sohn seines Gefallens zugewandt zeigt; es ist eine wechselseitige Anziehung …

Und der Heilige Geist ist der entzückte Zeuge und zugleich das Unterpfand dieser exemplarischen gegenseitigen ‚Umkehr‘, in die jede Umkehr, die wir vollziehen, einmündet und in der sie gründet. So ist die Umkehr, die Bekehrung in Gott …

Welch wunderbarer Tausch! Er führt dazu, dass wir Gott umso mehr nachahmen, je mehr wir zu Gott umkehren“ (CH 16.7.86).

Umkehr oder *Bekehrung* wird oft auf einen Willensakt unsererseits reduziert. Wir merken, dass wir diesen oder jenen Fehler haben, möchten etwas dagegen tun. Wir sagen, wir müssten uns hier und da bekehren und nehmen uns vor, unseren Willen entsprechend zu lenken. Wer über sich selbst schmunzeln kann und ein wenig Erfahrung im geistlichen Leben hat, der weiß, dass diese Vorsätze meistens verlorene Liebesmühe sind. Bei genauerer Betrachtung zeigt sich, dass dahinter oft der Wunsch steht, einem Idealbild von sich selbst zu entsprechen. Es ist alles andere als sicher, dass derartige „Umkehrwünsche" einer tiefen Liebe zu Christus entspringen.

Unter „Umkehr" versteht man also in der Regel eine Verhaltensänderung oder Besserung; sie wird vor allem als moralische Wandlung gesehen. *„Wir haben den fatalen Fehler begangen, die Bekehrung im Sinne einer Umkehr im Verhalten und die Bekehrung im Sinne einer Umkehr im Glauben auseinanderzudividieren"* (CH 19.1.87).

Unter „Bekehrung" versteht man auch den Übertritt zu einer anderen Religion oder den Schritt aus der „Religionslosigkeit" in eine religiöse Tradition. Viele Gläubige hegen den verständlichen Wunsch, dass ihre Nächsten, ihre Freunde „sich bekehren" und sich ihrem Glauben anschließen. Daraus kann freilich, wie Christian de Chergé sagt, eine „fixe Idee" werden – mit Verhaltensweisen, die mehr strategisch denn evangeliumsgemäß sind.

Die genannten Verständnisse von „Umkehr" oder „Bekehrung", die weit verbreitet sind, greifen zu kurz und können einem tieferen Verstehen im Wege stehen. Denn Umkehr ist eigentlich Ausdruck der Beziehung zu Gott. *„Kann man umkehren, wenn nicht zu Gott allein?"* (Christian de Chergé). Wir können noch mehr sagen: Umkehr ist vom Wesen her ein trinitarischer Lebensstil, an dem teilzuhaben alle Menschen berufen sind. Dieser Gedanke, den wir bei Christian de Chergé finden, ist zu erläutern.

„Komm zum Vater!", ruft der Geist in uns. Er setzt uns in Bewegung, richtet uns auf den Vater aus. Echte Umkehr hat ihre Quelle im Gottesgeist, der tief in unserem Herzen die Sehnsucht nach dem Vater weckt. Umkehr erwächst aus einer Sehnsucht, die jeden Menschen beseelt. Gewiss, oft liegt sie verschüttet unter allerlei Sorgen. Oft zielt sie auf das falsche Objekt. Maria Magdalena hat auch in ihrem (wie die Tradition sagt) „sündhaften Leben" unbewusst immer den gesucht, der sich ihr schließlich offenbart hat: Jesus.

So sind wir Menschen: Oft geht unsere Sehnsucht in die verkehrte Richtung, geraten wir aus tausenderlei Gründen auf die schiefe Bahn. Umkehr meint die Rückkehr zu Gott, die Hinwendung zum Vater. In ihm finden wir unsere Erfüllung, unsere eigentliche Verwirklichung als Kinder Gottes. Der Vater ist „die Liebe in ihrer Quelle", wie es in einer großartigen Formulierung des Zweiten Vatikanischen Konzils heißt (vgl. AG 2). Und es ist die Bestimmung des Vaters, „alles in allem" zu werden (vgl. 1 Kor 15,28). In der geglückten Kindschaft findet das Leben seine Vollendung.

Der Weg des Menschen ist also ein „Weg zurück zum Vater". Es ist unsere Berufung, die zu werden, die wir sind: Söhne (und Töchter) im Sohn, wie es bei der Taufe heißt. Dies ist unsere wahre Identität. Kinder Gottes aber können wir nur sein, wenn wir zugleich die logische Konsequenz erfassen und entsprechend leben: als Brüder und Schwestern, die mit allen anderen Brüdern und Schwestern verbunden sind!

Am Jordan wurde Jesus „von oben" attestiert, dass er der Sohn ist: „Das ist mein geliebter Sohn" (Mt 3,17). Dieses Wort an den „Erstgeborenen" vieler Brüder und Schwestern gilt auch diesen; jedem Menschen ist zugesagt: „Du bist mein geliebter Sohn, meine geliebte Tochter!" Ein unglaubliches Wort. Wer es an sich heranlässt, wer diese göttliche Erwählung ernst nimmt, dessen Leben bleibt nicht, wie es ist.

Am Jordan bekam Jesus keinen besonderen Sendungsauftrag, keine Wegbeschreibung und kein Aufgabenheft. Seine Mission besteht allein darin, der Sohn zu sein – so, dass der Vater Gefallen an ihm findet: „Das ist mein geliebter Sohn, an dem ich Gefallen gefunden habe" (Mt 3,17). Sie haben beide Gefallen aneinander!

Entsprechend ist es für jeden Getauften: Die Sendung, die er in der Taufe erhalten hat, besteht in nichts anderem als darin, Sohn bzw. Tochter zu werden. Wir kommen ihr nach, indem wir auf die vielen Anfragen, die das Leben stellt, antworten – in dem Lebensstand, in der Berufung, die ein jeder von Gott her als die ihm gemäße entdeckt.

So führt die Umkehr den Menschen in ein lebendiges trinitarisches Beziehungsgeschehen hinein. Sie ist eben nicht die angestrengte Bemühung, sich und das eigene Leben zu perfektionieren, sondern eine Bewegung hin zu einer Beziehung zu Gott – inspiriert vom Geist, gelebt im Sohn, ausgerichtet auf den Vater.

Dies meint Christian, wenn er schreibt, dass man nicht umkehren könne, wenn nicht zu Gott allein. Bekehrungen in dem Sinn, dass sich Menschen einer bestimmten Religion anschließen, können unter Umständen ein Indiz für eine echte Umkehr sein; Gott allein weiß darum. Das Mysterium der Umkehr ist an sich etwas Tieferes: Es ist die Hinwendung zum wahren Licht. Gewiss ist es legitim, wenn Christen sich in ihrem apostolischen Wirken wünschen, dass sich viele Menschen dem christlichen Glauben anschließen. Doch dieser Wunsch ist immer relativ im Blick auf die wirkliche Umkehr zu Gott. Im Übrigen ist und bleibt diese eine Aufgabe auch für jeden Christen. In gewisser Weise sitzen wir alle im selben Boot!

Man kann sich nur zu Gott bekehren. Und man kann sich nur *in* Gott bekehren! „Umkehr" macht das dreifaltige Leben Gottes aus; es ist eine wechselseitige Zu-Wendung: Der Vater ist dem Sohn zugewandt, der Sohn dem Vater, und *„der Heilige Geist ist der entzückte Zeuge"*, wie Christian poetisch schreibt. Die Umkehr lässt uns in das Leben der Dreifaltigkeit eintreten: Der Geist wendet uns mit dem Sohn dem Vater zu.

Es versteht sich, dass wir nicht Gott zugewandt wären, wenn Gott nicht die Initiative ergriffen und sich als Erster uns zugewandt hätte. Gott ist sozusagen der Erste, der umkehrt: Er kehrt um zu uns, er wendet sich uns zu. Wir dürfen ihn bitten: „Wende uns dein Antlitz zu, und wir sind heil!" Ohne die vorherige Hinwendung Gottes zu uns kann es keine Umkehr geben. Im Evangelium wird uns gesagt, wie Jesus sich den Menschen zuwendet: „Jesus wandte sich um ... und fragte sie: Was wollt ihr?" (Joh 1,38). Wer erlebt, wie der Herr sich ihm zuwendet, in dem ändert sich alles ...

Wie weit haben wir uns entfernt von Reflexionen über gute Vorsätze, über den Willen, uns zu bessern und unser Verhalten zu ändern! Doch wenn wir uns von Gott „umkrempeln" lassen, dann werden wir feststellen, dass sich auch unsere Lebensweise verändert ...

V – Den eigenen Brunnen tiefer graben

Seit jenem Tag, an dem er mich plötzlich bat, ihn "beten zu lehren, ist es Mohammed zur Gewohnheit geworden, zu uns zu kommen und sich regelmäßig mit mir zu unterhalten. Er ist ein Nachbar. So haben wir eine lange gemeinsame Geschichte. Oft hatte ich nicht viel Zeit; an manchen Wochenenden, wenn zu viele Gäste da waren und uns ganz in Anspruch nahmen, sah ich ihn gar nicht. Eines Tages fand er eine Formel, um mich zur Ordnung zu rufen und eine Begegnung zu erbitten: ,Seit langem haben wir nicht mehr unsere Brunnen tiefer gegraben!' Das Bild ist uns geblieben. Wir greifen darauf zurück, wenn wir das Bedürfnis nach einem tiefen Austausch verspüren.

Einmal stellte ich ihm im Scherz die Frage: ,Und was werden wir auf dem Grund des Brunnens finden: muslimisches oder christliches Wasser?' Halb lachend, halb ärgerlich blickte er mich an: ,Jetzt sind wir schon so lange gemeinsam unterwegs, und du stellst mir immer noch so eine Frage?! Du weißt doch: Was man auf dem Grund dieses Brunnens findet, ist das Wasser Gottes!'" (EM 15).

„Den Brunnen tiefer graben", das ist das Codewort, auf das sich Christian und sein Nachbar Mohammed verständigt haben, um sich zu einem intensiveren Gespräch zu verabreden, wenn die Aufgaben und Sorgen des einen oder anderen die Begegnungen in den Hintergrund gedrängt haben. Der Ausdruck hat eine tiefe Bedeutung. Denn der Brunnen ist in der Bibel wie im Koran ein wichtiges Symbol. Im Koran ist davon die Rede, dass Josef, als er in den Brunnen geworfen wurde, in die unsichtbaren Tiefen des Mysteriums eintauchte (vgl. Sure XII, 10). In der Bibel sind Brunnen Orte der Begegnung von Liebenden, Orte von Begegnungen, die für die Heilsgeschichte von großer Bedeutung sind. Am Brunnen kommen Bünde zustande. An einem Brunnen finden sich – durch die Mittlerdienste eines Knechts – Isaak und Rebekka (Gen 24); an einem Brunnen begegnet Jakob der Rahel (Gen 29), und an einem Brunnen kommt es zur Begegnung Jesu mit der Samariterin (Joh 4).

Mit dem Symbol des Brunnens wird nicht nur das Thema Begegnung angesprochen, sondern auch das Thema des Bundes. Und darin liegt die eigentliche Bedeutung der Begegnungen von Christian und Mohammed. Sie treffen sich nicht nur, sondern indem sie *„ihre Brunnen tiefer graben"*, suchen sie nach dem Band, das sie eint – indem sie die Unterschiede ins Spiel bringen.

„Den Brunnen tiefer graben", das ist eine eingängige Formulierung. Die Beziehung zu einem vertrauten Menschen, zu einem Freund, zum Ehepartner, hilft dabei. Den eigenen Brunnen tiefer graben, das bedeutet, in einer tiefen Begegnung mithilfe des anderen dem Geheimnis nachzuspüren, das tief in einem jeden „beheimatet" ist, jenem Geheimnis, das uns eint.

Zum Brunnen geht man, um Wasser zu schöpfen und seinen Durst zu stillen. Der Durst kann auch zur Metapher werden: „Meine Seele dürstet nach dir …", heißt es in Psalm 63,1. Der Durst ist Zeichen der Liebe: „Jakob hatte Rahel lieb", heißt es. Jesus liebte die Samariterin; er wusste um ihr Leben, wusste, dass sie mehrere Männer hatte und dass der, mit dem sie jetzt zusammen war, nicht ihr Mann war. Und er hat sich ihr als der Gesalbte offenbart, als Christus (vgl. Joh 4,1–26).

Der Durst symbolisiert das Verlangen. Wer seinem tiefen Verlangen auf den Grund geht, der gräbt seinen Brunnen tiefer. Er wird sich die Bitte Jesu an die Samariterin zu eigen machen: „Gib mir zu trinken!" (Joh 4,7). Ohne Sehnsucht, ohne den Durst des Herzens kommt es nicht zur Begegnung. Wenn der Durst so groß ist, dass er nicht zu stillen ist, wie sehr versteht man dann das Wort: „Der Brunnen ist tief" (Joh 4,11)!

Es verwundert nicht, dass die Samariterin Jesus Fragen über das Beten stellt. Es ist kein Themenwechsel! Durst, Verlangen, dass sind andere Begriffe für das Gebet (wenn man es nicht auf Frömmigkeitsübungen reduziert).

Wo soll man anbeten?, das ist eine der Fragen, um die es geht. Im Jerusalemer Tempel, so die jüdische Auffassung, oder auf dem Berg Garizim, wie die Samariter meinen? Jesus lenkt den „frommen Streit" in eine ganz andere Richtung: „Gott ist Geist." Er lässt sich nicht auf diesen oder jenen Ort begrenzen. Diejenigen, die ihn wirklich anbeten,

beten ihn an, wo sie wollen, in der Kirche oder auf der Straße, wenn es nur „in Geist und Wahrheit" geschieht, ihrem tiefen Verlangen entsprechend, vom Grund des Brunnens aus, aus der Tiefe ihres Herzens.

Aus der Seite des Tempels entspringt die Quelle lebendigen Wassers, heißt es in einer Vision des Propheten Ezechiel (Ez 47). Jesu Leib ist der neue Tempel: Aus der Seite des Gekreuzigten fließen Ströme lebendigen, Leben spendenden Wassers. Wer dieses Wasser trinkt, kann selbst zu einem neuen Tempel, zu einer Quelle für andere werden und reiche Frucht bringen.

Die Sehnsucht nach Begegnung lässt uns zur Quelle gehen und an der Quelle verweilen. Isaaks Knecht, der am Brunnenrand Rebekka erwartete, bringt auf den Punkt, wo wir zu bleiben gerufen sind: „Ich stehe an der Quelle" (Gen 24,13). Sich bei der Quelle, die der Tiefe unseres Herzens entspringt, aufhalten …

Und was ist das für ein Wasser, das dort entspringt? „Im Scherz" stellt Christian seinem Nachbarn Mohammed die Frage, welches Wasser man auf dem Grund des Brunnens finde: muslimisches oder christliches? Man kann sich die Szene lebhaft vorstellen … Es ist eine liebevolle Neckerei zwischen einem Christen und einem Muslim, die beide ihren Glauben leben und das Glück haben, sich als Geschwister zu wissen. Die Antwort relativiert nicht die Unterschiede: „Jetzt sind wir schon so lange gemeinsam unterwegs", sagt Mohammed, und jeder ist seiner religiösen Tradition treu geblieben. Mohammed ist ein echter Muslim, Christian ein authentischer christlicher Mönch. Aufgrund ihrer beiderseitigen Treue, durch das „Spiel mit den Unterschieden" und nicht aufgrund einer vagen Toleranz oder einer vermeintlichen Gleichheit (die es nicht gibt!) befinden sie sich gemeinsam auf dem Weg zu der einen und einzigen Quelle lebendigen Wassers!

Keine religiöse Tradition darf sich selbst für *die* Quelle halten. Jeder Mensch gleicht einem Wünschelrutengänger; keiner kann ihm die Suche nach der lebendigen Quelle abnehmen. Er muss in die Tiefe gehen, nach innen, auf den Grund des Brunnens. Er muss dorthin gehen, wo es ihn dürstet, wo das Verlangen lebendig ist und der Mangel schmerzt. Oft ist die Quelle verschüttet: Wie viel Überflüssiges, wie viele Hindernisse, unnötige Sorgen, vorgefasste Meinungen, allzu berechnendes Abwägen erschweren es oder verhindern, dass sie sprudelt! Die Heilige Schrift warnt uns davor; wir müssen aufpassen, das wir die lebendige Quelle nicht eintauschen gegen eine rissige Zisterne und uns anstelle von frischem, sprudelndem Wasser nicht mit abgestandenem begnügen.

Den Weg zu den Quellen geht man selten allein. Wir brauchen Brüder und Schwestern, Freunde, eine Gemeinschaft, andere Gläubige, Weggefährten, die uns beistehen; denn immer wieder beginnen wir unterwegs zu zaudern. Manchmal erleben wir, wie unser Durst durch wunderbar frisches Wasser gestillt wird: in dem Frieden, den der Glaube schenkt, in der Erfahrung einer Fülle, die das Herz weit macht, in dem Glück über eine erwiderte Freundschaft … Die Kirche hat sich im interreligiösen Dialog engagiert, weil sie die Hoffnung hat, dass die Begegnung mit anderen religiösen Traditionen ihr hilft, noch offener für ihren Herrn zu werden. Zusammen mit anderen gelingt es eher, den eigenen Brunnen tiefer zu graben, und es wird eher möglich, zu der einen und einzigen Quelle lebendigen Wassers vorzustoßen.

Ein jeder hat Nachbarn, Freunde, Brüder und Schwestern, andere Gläubige als eine Art Erbteil mit auf den Weg bekommen, mit denen er seinem Durst auf den Grund gehen und das lebendige Wasser suchen kann. Es sind Menschen unterschiedlichen Alters und Geschlechts, sie gehören verschiedenen Religionen an und unterscheiden sich durch ihre Sensibilität und ihren Charakter. Einigen ist der christliche Glaube vielleicht ganz fremd … Unterschiede sind notwendig; denn gerade „durch das Spiel mit den Unterschieden" führt uns der Heilige Geist weiter. Sie läutern unsere Sehnsucht. Mit aller Kraft stellt Christian de Chergé in seinem Testament die Notwendigkeit der Unterschiedlichkeit heraus, wenn er schreibt, es sei die *„geheime Freude"* des Heiligen Geistes, *„Gemeinschaft zu schaffen und die Ähnlichkeit wiederherzustellen, indem er mit den Unterschieden spielt"* (IE 221).

VI – Bis zum Äußersten

„E*r hat mich bis zum Äußersten geliebt, bis zu meinem Äußersten, bis zu seinem Äußersten … Er hat mich auf seine Weise geliebt, die nicht die meine ist. Er hat mich gratis und grundlos geliebt … Vielleicht hätte ich es mir diskreter und nicht so feierlich gewünscht. Er hat mich geliebt, wie ich nicht zu lieben imstande bin: diese Einfachheit, diese Selbstvergessenheit, dieser demütige, alles andere als befriedigende Dienst ohne jede Eigenliebe! Er hat mich geliebt mit der wohlwollenden, aber nicht zu umgehenden Autorität eines Vaters und mit der Zärtlichkeit und Nachsicht einer nie ganz beruhigten Mutter"* (IE 252).

Dieser Abschnitt stammt aus Christians letzter Gründonnerstagspredigt; er hat sie 1995 im marokkanischen Fès vor der dortigen kleinen Zisterzienserkommunität, die mit Tibhirine verbunden war, gehalten. Oft hat Christian die Fußwaschung (Joh 13,1–20) kommentiert; in seiner Spiritualität nimmt sie einen zentralen Platz ein.

Vor allem eine Stelle hat immer wieder seine Aufmerksamkeit auf sich gezogen: „Was ich tue, verstehst du jetzt noch nicht; doch später wirst du verstehen" (Joh 13,7). Es ist Jesu Entgegnung an Petrus, der sich weigert, sich die Füße waschen zu lassen. Gewiss, was Jesus da tut, ist nicht auf Anhieb zu begreifen. Es ist etwas Ungeheuerliches: Dass Menschen vor Gott niederknien, das gehört sich, würde man meinen. Aber dass der Sohn Gottes, der verheißene Messias, vor den Menschen kniet, das ist eine völlige Verkehrung der festgefügten Ordnung! Gott – in seinem Sohn – auf den Knien vor den Menschen, das ist unerhört, unbegreiflich: eine religiöse Revolution, die mit der christlichen Offenbarung begonnen hat.

„Später wirst du verstehen …" Im Augenblick kann Petrus nicht die umwälzende Veränderung begreifen, die diese Geste für das Verhältnis zwischen Mensch und Gott bedeutet, aber er weiß, dass es ihm zu viel ist: Nein, das kann ich nicht zulassen! Er widersetzt sich, umso mehr, als er in Jesus den verheißenen Messias erkannt und bekannt hat. Petrus kann es nicht verstehen, solange er sich widersetzt. So geht es oft …

Wer den Text, wie es häufig geschieht, oberflächlich liest, identifiziert sich schnell mit Jesus. Da kommt der Leser gut weg – als jemand, der wie Jesus den anderen die Füße wäscht oder waschen möchte, was verkürzt als einfacher Dienst verstanden wird. Womöglich klagt man ein bisschen, wenn man so etwas tut; so zeigt man den anderen, was man nicht alles für sie tut …; ja, wenn man nicht da gewesen wäre …! Doch das alles ist verlorene Liebesmüh! Denn unser Platz ist das nicht! Niemand nimmt die Stelle Jesu ein. Unser Platz ist da unten, auf der Bank, neben Petrus, Judas und den anderen: Da gehören wir hin, um uns berühren, waschen, lieben zu lassen. Wir können uns weitere Kommentare ersparen, wir brauchen uns nicht zu beweisen. Nur eines ist wichtig: dass wir uns lieben lassen, ohne jedes Verdienst; unsere nicht gerade sauberen Füße sagen alles ... Da beginnen wir zu begreifen ... *„Wie Petrus schäme ich mich: Auch mir ist es passiert, dass ich mich von Jesus abgewendet habe; auch in mir ist ein wenig von Judas ..."*, sagt Christian de Chergé.

Es ist wirklich wahr: Er hat mich bis zum Äußersten geliebt. Christian übersetzt nicht: Er hat mich „bis zum Ende" geliebt, wie es in vielen Übersetzungen der Bibelstelle (Joh 13,1) heißt, sondern: „bis zum Äußersten". Das „Äußerste", das ist die völlige Hingabe seiner selbst: „Es gibt keine größere Liebe, als wenn einer sein Leben für seine Freunde hingibt" (Joh 15,13). Christian weiß, was das bedeutet. Er hat es bei Mohammed erlebt. Dessen Hingabe ist und bleibt lebendig in Christian; im Übrigen spricht er in den ersten Sätzen seiner Predigt gleichermaßen von Christus und diesem Mohammed.

Das „Äußerste" meint die extreme Selbsthingabe Jesu. Es verweist auch auf das Äußerste, auf die Grenzbereiche, auf die dunklen Seiten unseres Lebens: Auch dahin gelangt die Liebe Christi. Er liebt uns mit allen Aspekten unseres Seins, mit unserer ganzen Persönlichkeit einschließlich der Schattenseiten. *„Ich hätte große Lust, mich in die Nacht zu flüchten, wenn das L i c h t meine Dunkelheiten ausleuchtet"* (Christian de Chergé).

Wie schwierig ist es doch zu glauben, dass wir tatsächlich geliebt sind – mit allem, was in unserem Leben brach liegt, mit allem, was nicht ans Licht kommt, mit all den verborgenen Schwächen und aller Mittelmäßigkeit! Wenn die Beziehung zu Christus allzu oft einer friedlichen Koexistenz gleicht, wenn sie dürftig oder gar von einer abweisenden Haltung geprägt ist, dann liegt es wohl oft daran, dass wir nicht glauben können, „bis zum Äußersten" geliebt zu sein, so wie wir sind; wir schämen uns unserer Schwächen. Wir schämen uns, dass unsere Füße schmutzig sind. Und wenn wir eine solche Liebe bis zum Äußersten für undenkbar halten, dann begnügen wir uns halt mit einer Beziehung, die den üblichen Konventionen entspricht, mit einer religiösen „correctness" – oder wir werden zu Agnostikern …

Wer sehnt sich nicht danach, aus einer solchen Liebe, die bis zum Äußersten geht, leben zu können? Doch wem gelingt es, sich ungeschützt auf die Ungeheuerlichkeit einzulassen, dass ein Gott vor den Menschen niederkniet?!

Ehe wir uns versehen, kniet er schon zu Füßen meines Nächsten. *„Die Liebe hat sich gerade enthüllt, und schon ist sie mir entkommen. Er war da, zu meinen Füßen, ich konnte ihn nicht festhalten"*, sagt Christian. Jesus wäscht die Füße dessen, der neben mir sitzt und den ich – um es zu sagen, wie es ist – oft nur mit einer gewissen Mühe ertragen kann … So wie es uns schwerfällt, an eine solche Liebe zu uns glauben zu können, so schwer fällt es uns zu glauben, dass dieser oder jener, dessen Fehler und Macken wir allzu gut kennen, geliebt sein könnte!

Und dann … nimmt ausgerechnet *der* „meinen" Platz ein …

Seit jeher gehört die Rivalität zu den am meisten verbreiteten Krankheiten in den Beziehungen unter Geschwistern. Sie erwächst auf dem Boden der unbefriedigten Sehnsucht nach persönlicher Anerkennung. Die biblische Erzählung von Kain und Abel ist dafür ein Paradebeispiel. Wenn der andere auch geliebt ist, könnte er dann nicht womöglich mehr geliebt sein als ich? Die Rivalität, dieses tief sitzende Sich-vergleichen-Müssen kann zum tödlichen Gift in den zwischenmenschlichen Beziehungen werden, unter Geschwistern, in Familien, aber auch in Gruppen und Gemeinschaften …

Jesus wäscht einem jeden die Füße, auch dem, den zu akzeptieren mir schwerfällt: *„Dies ist der Preis, der zu zahlen ist, um bei IHM bleiben zu können und berechtigt zu sein, heute Abend das heilige Brot zu empfangen und aus dem Kelch zu trinken"*, sagte Christian in der Predigt am Gründonnerstag. Da Jesus „die Seinen, die in der Welt waren, liebte, erwies er ihnen seine Liebe bis zum Äußersten" – *„allen Seinen; sie gehören alle ihm, ein jeder in seiner Einmaligkeit, eine Menge von einzigartigen Einzelnen"*.

Wer sich die Füße waschen lässt, kann seinerseits den anderen die Füße waschen, genauer gesagt: Er kann eintreten in die Gegenseitigkeit der Liebe: „Auch ihr sollt *einander* die Füße waschen." Immerzu lernt er von Christus diese Art zu lieben:

„Er hat mich geliebt, wie ich nicht zu lieben imstande bin: diese Einfachheit, diese Selbstvergessenheit, dieser demütige, alles andere als befriedigende Dienst ohne jede Eigenliebe!"

Man muss diesen Dienst an sich selbst erfahren haben; dann kann man ihn auch anderen erweisen. „Wenn ich dich nicht wasche, hast du keinen Anteil an mir", sagt Jesus zu Petrus.

Auch Jesus wurde diese Geste zuteil: unmittelbar vor der Passion, in Bethanien, von einer Frau (vgl. Joh 12,1–11): Eine Sünderin benetzt seine Füße mit ihren Tränen und trocknet sie mit ihrem Haar! Jesus entzieht sich nicht ihrer Liebe. Diese ihm erwiesene Tat ist gewissermaßen die Ouvertüre zur Passion, zu seiner Lebenshingabe.

Jesus greift das, was ihm da erwiesen wurde, seinerseits auf, indem er beim letzten Abendmahl den Seinen die Füße wäscht. Er hinterlässt diese Geste der Liebe den Aposteln als sein Vermächtnis. Er sagt ihnen nicht, sie sollten anderen Menschen die Füße waschen: Sonst hätten sie alsbald dieses Zeichen der Liebe in einen Akt generösen Handelns verkehrt. Er sagt ihnen vielmehr, sie sollten *einander* die Füße waschen – in einer Gegenseitigkeit, die vom Schenken und Beschenkt-Werden lebt.

In der Eucharistie feiern wir immer aufs Neue diesen wunderbaren Tausch; sie erinnert uns fortwährend daran, dass nur aus empfangener Liebe ein wirkliches Sich-selber-Geben erwächst. Jesus hat uns dies gelehrt, und er hat uns seine „Gebrauchsanweisung" mitgegeben.

„*Der Tisch mit dem Brot, das ausgeteilt, und dem Kelch, der weitergereicht wird, das ist Jesu Anschauungsunterricht. Das Lehrbuch des Meisters, das ist diese Geste eines Dienenden: Er hat sein Herz, seinen Leib zur Verfügung gestellt, und ist da, ‚auf Fußhöhe', ein Bruder neben dem Bruder; denn es soll sich tief ins Gedächtnis eingraben*" (IE 252).

VII – Gehorsam

„Er [Jesus] hat sich in allem unterworfen …: Da ist er, der vollkommene ‚Muslim', der Einzige, bei dem es keinen Zweifel gibt; es hat ihn das Leben gekostet. Und dann ist er auch noch auf diese Weise gestorben! Unerträglich, wirklich unerträglich …

Aber, Vater, wie kannst du uns dann sagen lassen, dass er ‚den Gehorsam gelernt' habe [Hebr 5,8]? Er ist doch der [personifizierte] Gehorsam, von Ewigkeit zu Ewigkeit. Es ist seine Art, Gott zu sein in Gott, du weißt es: So ist er doch er selbst: hingewendet zu dir, mit seinem ganzen Sein, in der souveränen Freiheit aufzunehmen und zu empfangen und dir wohlzugefallen. Von Anbeginn an gibt es in ihm nur das Ja; du selbst hast uns das mitgeteilt. Er ist der Sohn deiner Freude. Und dadurch lässt er dich Vater sein, in aller Fülle. Außerhalb von ihm könntest du dir keinen Gehorsam vorstellen; als du ihn uns neu lehren wolltest, da hast du uns gesagt: ‚Auf ihn [Jesus] sollt ihr hören!' …

Der Gehorsam war sein Leben. Undenkbar, dass er ihn das Leben kosten sollte!? Der Gehorsam war deine Schatzkammer im Paradies; da drinnen war die Freiheit der Kinder Gottes aufbewahrt.

Wir aber haben aus dem Gehorsam etwas ganz anderes gemacht, haben ihn von seiner Quelle abgeschnitten, und was auf diese Weise alles aus ihm geworden ist, das ist leidlich bekannt … Und noch etwas: Haben wir Jesus nicht im Namen deines Gesetzes verurteilt? Ja, Vater, er musste wirklich lernen, was es kostet, den Gehorsam des eingeborenen Sohnes zu inkarnieren" (IE 256).

„Obwohl er der Sohn war, hat er durch Leiden den Gehorsam gelernt" (Hebr 5,8). Man hört öfter, dass Jesus die Erfahrung des Leidens machen musste, dass der Vater ihm diese harte Prüfung zugemutet habe, damit er, „obwohl er der Sohn war", lerne, was Gehorsam ist. Manchmal wird der Gedanke ein wenig abgewandelt: Es heißt, er habe es am eigenen Leib durchleiden müssen, damit *wir* es begreifen. Ob die Sache dadurch einsichtiger wird, sei dahingestellt. Was wurde nicht alles über den Gehorsam gesagt und in seinem Namen getan!

Christian gehörte zu der Generation, die in Algerien mit der Frage nach der Folter konfrontiert war, auch wenn er selbst nicht direkt damit zu tun gehabt hat. Bei Zusammenkünften von Seminaristen und Militärseelsorgern war es zwangsläufig Gesprächsthema …

Wenn Christian von seiner Erziehung her, in seinem Umfeld, in seiner traditionell militärisch geprägten Familie den Gehorsam als einen Wert verinnerlicht hatte, so kam er nicht umhin, darüber nachzudenken, was Gehorsam ist angesichts all der Ausschreitungen und Übergriffe, die er hervorbringen kann, angesichts des feigen Sich-Versteckens, das er kaschieren kann. Christian hat schnell begriffen, wie sich die Autorität des Gehorsams zum Zwecke der Manipulation bedienen kann und wie die, die gehorchen müssen, sich unter Berufung auf den Gehorsam jeder Verantwortung entledigen können. Diese Erfahrung und die Reflexion darüber hat ihm ein anderes Verständnis der Stelle aus dem Hebräerbrief erschlossen: „Obwohl er der Sohn war, hat er durch Leiden den Gehorsam gelernt."

Musste der Sohn den Gehorsam erlernen? Stand er nicht von Ewigkeit her in einer solchen Beziehung zum Vater, dass er der personifizierte Gehorsam war: ganz dem Vater zugewandt, in einer vollkommenen Gemeinschaft mit ihm? Was bedeutet dann die Aussage, er habe den Gehorsam gelernt? *„Warum will man uns glauben machen, dass er den Gehorsam gelernt habe? Er war doch unter uns als einer, der ganz ‚Gehorsam‘ war gegenüber der [Heiligen] Schrift, das ist klar, aber auch gegenüber den Ereignissen, auch gegenüber den Menschen, die daraus gemacht haben, was sie wollten …"* (IE 256).

Nicht den Gehorsam als solchen hat Jesus gelernt, sondern, „obwohl er der Sohn war", hat er gelernt, was die Menschen aus dem Gehorsam gemacht haben! Sie bedienen sich des Gehorsams für ihre eigenen Interessen. Sie haben es gelernt, sich des Gesetzes zu bedienen, es einzusetzen, um ihre eigenen Wünsche und Ziele zu erreichen. Unter Berufung auf das Gesetz wurde Jesus verurteilt! Das Gesetz, so notwendig es auch sein mag, bleibt in alle Ewigkeit mit den Übergriffen behaftet, die es erlaubt hat, mit all den Verurteilungen Unschuldiger, die unter Berufung auf das Gesetz, auf

Recht und Ordnung legitimiert werden. Wenn das Gesetz nach einer gelungenen Formulierung des Paulus „ein Pädagoge" und in dieser Funktion unabdingbar, „gerecht und gut" ist, so ist es doch nicht imstande, irgendjemandem das Heil zu erwerben und einen Menschen „gerecht zu machen".

Gott selbst wundert sich darüber, was wir aus dem Gesetz gemacht haben. Er hatte es uns geschenkt als Zeichen des Bundes zwischen sich und den Menschen, damals am Sinai, nach dem Auszug des Volkes Israel aus Ägypten. Es war doch nicht dazu bestimmt, die Menschen an die Kette zu legen – eine absurde Vorstellung, da das Gesetz dem Volk gerade in dem Moment gegeben wird, da es der Knechtschaft in Ägypten entkommen ist! Der Herr hat ihm das Gesetz vielmehr als Weg zum Leben geschenkt: Handle danach und du wirst leben! Doch die Menschen haben es geschafft, sich dieses Gesetzes zu bemächtigen, um Gottes eigenen Sohn zu verurteilen: „Wir haben ein Gesetz, und nach diesem Gesetz muss er sterben" (Joh 19,7). Unter Berufung auf das Gesetz werden Unschuldige und Kinder verurteilt. Und noch öfter dient es zur Bemäntelung von persönlichen Interessen und Wünschen. Welche Pervertierung!

Gott hat in seinem Sohn auf eigene Kosten den Gehorsam gelernt. *„Was du nicht kanntest, Vater, das lernst du jetzt in der Betrachtung des Kreuzes, ebenso*

*verwundert wie wir: Dazu also ist der Gehorsam ge-
worden, nachdem du ihn unseren Händen anvertraut
hast"* (IE 256). Christus hat mit eigenen Augen gesehen, wozu wir Menschen fähig sind. Angesichts
der Traurigkeit des Vaters und des Leidens des
Sohnes begreifen auch wir, wozu wir – im Namen
des Gehorsams – fähig sind. Eine Kultur bleibt lange traumatisiert durch die Schrecken, die unter Berufung auf den Gehorsam geschehen sind: in Algerien zum Beispiel. Oder im Zweiten Weltkrieg.
Da, wo sich auch Institutionen einem Unrechtsre-
gime untergeordnet haben und nur wenige den
Mut zum Ungehorsam hatten und sich nicht unterworfen haben.

Wir hätten nicht gewusst, dass Gott imstande
wäre, den Menschen bis ins Leiden und Sterben
hinein zu gehorchen, selbst da, wo sie seine kost-
barsten Gaben ins Gegenteil verkehrt haben. Wir
hätten uns nicht vorstellen können, wie gefährlich
der Gehorsam in unseren Händen ist. *„Wir haben
sogar gelernt, deinen Worten zu gehorchen, indem wir
ihren Sinn verdrehen …"*, sagt Christian.

Das also haben wir aus dem Gehorsam gemacht.
In Gott war er die Liebesgeschichte zwischen dem
Vater und dem Sohn. *„Was alles aus ihm geworden
ist, das ist leidlich bekannt: unsere Launen und unser
Eigensinn, unsere Komplizenschaft und unsere Tyran-
neien …"* (IE 256). Der Gehorsam war das göttliche
Treueangebot an uns Menschen. Und er wird es
für immer bleiben, nunmehr freilich verbunden
mit einer steten Mahnung: Wir sollen daran den-

ken, dass der Gehorsam gefährdet ist, ja völlig verkehrt werden kann, wenn Menschen sich seiner bemächtigen, um andere zu unterwerfen – zum großen Schmerz des Vaters. Wir müssen uns deshalb immer kritisch prüfen, was wir da tun, wenn wir irgendeinem Menschen Gehorsam abverlangen. Und ebenso müssen wir kritisch prüfen, in was wir da eigentlich einwilligen, wenn wir Gehorsam üben.

Als Geschichte der Treue zwischen Gott und den Menschen bleibt der Gehorsam etwas ganz Kostbares. Er ist ein besonderer Ausdruck der Treue. Aber es ist uns aufgegeben, ihn zu erlernen, ohne ihn zu verzwecken und ohne uns aus unserer Verantwortung zu stehlen. Als Kinder Gottes haben wir jenen Gehorsam zu lernen, der Ausdruck einer Geschichte der Liebe und Treue ist; die Rolle des anderen will dabei immer daraufhin geprüft werden, ob sie der Treue zu Gott und der Treue zu sich selbst entspricht. Das letzte Kriterium bleibt immer, ob der Gehorsam Freiheit gewährt. Denn „zur Freiheit hat uns Christus befreit" (Gal 5,1). Er hat uns befreit, damit wir wirklich frei seien!

Das macht den Weg nur steiler ... *„Vater, wie weit ist doch der Weg, um diesen Gehorsam zu erlernen; wir brauchen dazu wohl alle Tage, die uns vor der Ewigkeit gegeben sind!"*

VIII – Jesus Christus

"Er ist genau gesagt das große Sakrament dieser ,Dritten Welt' der Hoffnung, der Initiator des Glaubens an den Menschen und seine Erfüllung in Gott – im Jenseits wie in unserem Innern; den Augen der Welt ist es verborgen – durch die Wolke des göttlichen Mysteriums und zugleich durch den Schleier der Inkarnation ... Mit dem Zweiten Vatikanischen Konzil glauben wir: ,Der Herr ist das Ziel der menschlichen Geschichte, der Punkt, auf den hin alle Bestrebungen der Geschichte und der Kultur konvergieren, der Mittelpunkt der Menschheit, die Freude aller Herzen und die Erfüllung ihrer Sehnsüchte' (GS 45).

Jesus selbst hat uns wissen lassen, dass ,niemand den Vater kennt, nur der Sohn' (Mt 11,27). Teilhard de Chardin hat dies auf seine Weise kommentiert: ,Ich glaube, dass sich die Kirche noch im Kindheitsstadium befindet. Der Christus, von dem sie lebt, ist unermesslich größer, als sie es sich vorstellt.' Passiert es uns nicht, dass wir meinen, Christsein heiße, alles über Christus zu wissen? Gott ist größer, Allah Akbar. Christus ist ebenfalls größer, unvorstellbar größer. Dies zu bekennen in nacktem Glauben, das ist die beste Weise, um Zeugnis von seiner Gottheit abzulegen" (EM 8).

Der Ausdruck „Wer mich gesehen hat, hat den Vater gesehen", der sich im Johannesevangelium findet (14,9), ist allgemein vertrauter als der Matthäusvers: „Niemand kennt den Vater, nur der

Sohn" (Mt 11,27). Der erste Satz lässt uns verstehen, dass es uns geschenkt wurde, den Vater wahrhaft zu erkennen, indem wir auf Jesu Leben blicken: In der Betrachtung seines Handelns zeigt sich, um es mit einer gelungenen Formulierung des hl. Augustinus zu sagen, „die Handlungsweise Gottes". Wenn wir unseren Blick lange genug auf Jesus richten, können wir unsere verkehrten Gottesvorstellungen korrigieren.

Der andere Vers bildet den Gegenpol; er stellt wieder das richtige Gleichgewicht her. Er entreißt die Kirche und die einzelnen Christen der ständigen Versuchung zu glauben, sie würden Christus besitzen – in der Heiligen Schrift, in den ausgearbeiteten dogmatischen Formeln oder in der Schönheit der Liturgie. „Niemand kennt den Vater, nur der Sohn": Welch weiter Horizont tut sich da auf …

Christus ist das große Sakrament, er ist *das* Sakrament. Nicht nur, weil er uns die Kenntnis Gottes schenkt, sondern auch die Kenntnis des Menschen. Er ist der *„Initiator des Glaubens an den Menschen"*. Eine bemerkenswerte Formulierung. Jesus Christus zeigt uns, was Menschsein wirklich bedeutet, und er schenkt uns den Glauben daran. Er lässt uns verstehen, was es mit dem Menschsein auf sich hat: frei sein in der Liebe, unter dem liebenden Blick des Vaters. Er lehrt uns den „Beruf" des Menschseins, die Art zu leben und zu lieben, zu empfangen und zu geben. Er führt uns ein ins Menschsein und in dessen Mysterium.

Ebenso ist Jesus Christus das Sakrament des Vaters, denn er lässt uns das wahre Antlitz Gottes erkennen. Zugleich ist er das Sakrament des Menschen; denn er zeigt uns das wahre Antlitz des Menschen. Es ist paradox: In seiner Person ist er gleichzeitig das Sakrament des Menschen und das Sakrament Gottes. Er ist, wie es ein Theologe ausdrückte, „das Sakrament der Begegnung von Mensch und Gott".

Und doch: Wer Christus ist, bleibt verborgen. Er ist offenbar geworden und zugleich verhüllt. Denn er ist der Sohn Gottes – als wahrer Mensch; und er ist ein wirklicher Mensch – in der Art des Sohnes Gottes. Auch heute geht die Inkarnation weiter. Christus ist immer offenbar und verhüllt im Spiel der Geschichte, in der Menschheitsgeschichte und in unserer persönlichen Geschichte, im Geheimnis der Beziehungen und Begegnungen, im Herzen eines jeden Menschen, wo er Wohnung nehmen möchte.

„Allah Akbar!", sagen die gläubigen Muslime: Gott ist größer! Auch Christus ist größer: wie der je größere Gott. Christus ist *unvorstellbar größer*, als die in geschichtlichen Dimensionen betrachtet noch ganz junge, wie ein Kleinkind stammelnde Kirche es sich vorstellt. Denn der, der in Jesus von Nazareth Mensch geworden ist, ist der Sohn Gottes, der Logos. „Gott von Gott, Licht vom Licht", heißt es im Glaubensbekenntnis. Er ist das Wort, durch das alles geschaffen worden ist: Im Anfang war das Wort; alles ist durch ihn geworden. Nicht nur in ferner Vergangenheit, sondern bis heute, im fortdauernden Schöpfungsprozess: „In ihm hat alles Bestand" (Kol 1,17).

Der Plan des Vaters nimmt weiter Gestalt an in der jetzigen Sendung des Logos, des Sohnes Gottes, der allem Sein und Bestand gibt. Wer sich dem Leben Gottes, das in ihm ist, öffnet, in dem nimmt Christus Gestalt an, bis er mit Paulus sagen kann: „Nicht mehr ich lebe, sondern Christus lebt in mir" (Gal 2,20).

In jedem Menschen können wir Christus dienen, wie Jesus es seinen Aposteln in der Geschichte vom Weltgericht dargelegt hat: „Wann haben wir dich hungrig gesehen und dir zu essen gegeben, oder durstig und dir zu trinken gegeben? Und wann haben wir dich fremd und obdachlos gesehen und aufgenommen, oder nackt und dir Kleidung gegeben? Und wann haben wir dich krank oder im Gefängnis gesehen und sind zu dir gekommen?", werden die Gerechten fragen. Jesu Antwort: „Was ihr für einen meiner geringsten Brüder getan habt, das habt ihr mir getan" (Mt 25,37–40).

„Allah Akbar!" Die Christen können vom Islam dieses Bekenntnis übernehmen: Gott ist größer! Und sie können es auf Christus beziehen: „Christus ist größer!" Christus ist unendlich größer – und er schenkt sich uns in der Heiligen Schrift und im eucharistischen Brot. Er übersteigt alle Kenntnis, die wir von ihm haben können.

Die Kirche sagt, dass Christus in den verschiedenen Kulturen und in den Religionen in einer gewissen Weise präsent ist. Mit einer Formulierung Justins spricht das Zweite Vatikanische Konzil von „Saatkörnern des Wortes" (AG 11), die sich in den Weltreligionen finden. Christus hat auch dort „gesät", und wir dürfen davon ausgehen, dass einige Körner auch in anderen Kulturen und Religionen auf guten Boden fallen und die Saat aufzugehen beginnt!

Christus ist in jedem Menschen gegenwärtig. „Denn er, der Sohn Gottes, hat sich in seiner Menschwerdung gewissermaßen mit jedem Menschen vereinigt ... Das gilt nicht nur für die Christgläubigen, sondern für alle Menschen guten Willens ... Da nämlich Christus für alle gestorben ist und da es in Wahrheit nur eine letzte Berufung des Menschen gibt, die göttliche, müssen wir festhalten, dass der Heilige Geist allen die Möglichkeit anbietet, diesem österlichen Geheimnis in einer Gott bekannten Weise verbunden zu sein" (GS 22). So können wir mit der Kirche versuchen, solche „Saatkörner" zu entdecken und das Antlitz Christi zu erkennen – in den Gläubigen anderer religiöser Traditionen wie auch in Agnostikern und religiös Gleichgültigen. *„Um wirklich in Dialog treten zu können, müssen wir im Namen Christi akzeptieren, dass der Islam uns vonseiten Christi etwas zu sagen hat"*, schreibt Christian de Chergé.

Es ist erstaunlich, ja paradox: Die Christen empfangen Christus, den sie verkündigen, von eben denen, denen sie Zeugnis von ihm geben! Eine erschöpfende Kenntnis Christi besitzen auch die Christen nicht, und sie können sich nicht darauf berufen, dass er sich in seiner ganzen Fülle in Jesus von Nazareth offenbart hat. Denn auch den Christen muss das Wissen über ihn geschenkt werden – wie anderen Gläubigen, wie anderen Menschen auch.

Im Licht des anbrechenden Tages, am Ostermorgen, haben die Jünger eine Verheißung bekommen, die von Generation zu Generation weitergegeben wird: Wenn sie nach Galiläa gehen, sagt ihnen der Auferstandene, werden sie ihn sehen (vgl. Mk 16,7). Galiläa symbolisiert nicht nur den Alltag, sondern – als Schnittstelle verschiedener Nationalitäten – auch die Begegnung von Völkern und Kulturen. Die Apostel aller Zeiten haben die Verheißung empfangen, den auferstandenen Christus dort zu treffen, wo Menschen jeglicher religiöser Zugehörigkeit und Kultur einander begegnen. Sie finden ihn, den Herrn der Geschichte, „in der Freude aller Herzen" und in der „Fülle ihrer Sehnsucht".

IX – Gemeinschaft der Heiligen

„*D*ie Gemeinschaft der Heiligen im Himmel, wo Christen und Muslime und viele andere mit ihnen an derselben Freude der Gotteskinder teilhaben werden, haben wir – wie alle Geheimnisse des Himmelreiches – sichtbar werden zu lassen. Und wie könnten wir das anstellen, wenn nicht in der Weise, dass wir jetzt diejenigen bedingungslos lieben, die nach einem geheimnisvollen Plan Gottes auf dem Weg des Islam vorbereitet und geheiligt werden, und mit ihnen im eucharistischen Teilen des ganzen Alltags?*

Und noch etwas ist, so meine ich, zu sagen: Wenn wir, wie es notwendig ist, uns daran begeben, die Wirklichkeit dieser uns so sehr übersteigenden Gemeinschaft zu inkarnieren, dann ist das der beste Weg, den üblen Beigeschmack des Proselytismus zu vertreiben. Ja, so kommt man weg von jener fixen Idee, bekehren zu wollen und dabei Bekehrung auf den Übertritt von einer zu einer anderen Religion zu reduzieren. Wenn es tatsächlich zu einem Übertritt kommt, dann sollte es sein, weil vor allem Gott eingegriffen hat und nicht so sehr die menschlichen Mittler, und auch darum ist Respekt geboten" (EM 18).

„Gemeinschaft der Heiligen" ist eine treffliche Definition dessen, was Kirche ist. Die Kirche ist in ihrem tiefsten Geheimnis nicht mit soziologischen Kategorien zu fassen. Sie lässt sich weder von dem her definieren, was von ihr zu sehen ist, noch

durch irgendwelche exakt bestimmbaren Kriteri-
en. „Viele, die draußen sind, meinen drinnen zu
sein, und viele, die meinen drinnen zu sein, sind
draußen", sagte der hl. Augustinus. Darum besteht keine Notwendigkeit, sich dieser Kirche zu-
zuzählen. „Ich sah: eine große Schar aus allen Nationen und Stämmen, Völkern und Sprachen;
niemand konnte sie zählen", heißt es in der Offenbarung des Johannes (7,9). Kirche ist ein Mysterium der Gemeinschaft, das über gesellschaftli-
che und religiöse Zugehörigkeiten hinausgeht.
Kirche ist das Gottesvolk, ein Volk *„jeder Sprache,
jeder Rasse, jedweder Kultur ...".*

Die Begegnung mit Muslimen hat Christian den
Blick geöffnet für die „Pilgerreise zur Gemeinschaft der Heiligen", wie er es nennt, für das Un-
terwegssein zum himmlischen Jerusalem. Dies ist
die wirkliche Kirche in ihrem Geheimnis. Was wir
sehen, ist nur ein Aspekt der Wirklichkeit. Die
sichtbare Kirche ist kein Selbstzweck; die Ausrichtung auf die Gemeinschaft liegt in ihrem Wesen
und gehört zu ihrer Berufung. Sie ist das große Sakrament der Gemeinschaft der Heiligen.

Das Zweite Vatikanische Konzil hat ganz ausdrücklich eine tiefe Kollegialität im Innern der verschiedenen Ortskirchen gewünscht. Da gibt es
starke Widerstände, und es bleibt noch viel zu tun.
Das Konzil hat den Blick aber darüber hinaus ge-
richtet: Es hat uns vor allem tiefer verstehen lassen, worin die Berufung und der Dienst der Kirche liegen: Zeichen und Werkzeug zu sein für die

Vereinigung in Gott (vgl. LG 1), das heißt zu zeigen, dass es die Bestimmung des Vaters ist, alles in allen zu werden, und dass die Sendung des Sohnes und des Geistes im Werk dieser Vereinigung liegt.

Christian lebt ganz in dieser Communio-Ekklesiologie; Kirche ist für ihn eine solche Gemeinschaft, und er möchte offen sein für den *„geheimnisvollen Plan Gottes"*, alle Menschen beim ewigen Hochzeitsmahl an einem Tisch zu versammeln. Sein besonderes Augenmerk gilt den Brüdern und Schwestern, die *„Gott auf dem Weg des Islams vorbereitet und heiligt"*. Er verspürt eine *„brennende Neugier"* und kann es kaum erwarten zu erleben, wie sich dies erfüllt. Mit kraftvollen Worten schreibt er in seinem Testament: *„Nun werde ich, wenn es Gott gefällt, meinen Blick in den Blick Gottes, des Vaters, versenken, um so mit ihm seine Kinder aus dem Islam zu betrachten – so, wie er sie sieht ..."* (IE 221).

Die Gemeinschaft der Heiligen findet insbesondere in der Eucharistiefeier ihre zeichenhafte Vergegenwärtigung in jenem „für euch und die Vielen", d. h. „für euch und *für alle*". Was in der Liturgie gefeiert wird, konkretisiert sich und setzt sich fort im *„eucharistischen Teilen des ganzen Alltags"*.

Christian de Chergés Glaube an die Gemeinschaft der Heiligen relativiert nicht die christliche Offenbarung. Er möchte jene, die im Schoß des Vaters in der Verschiedenheit und im Respekt vor ihren „Zugehörigkeiten" versammelt sind, mit dem Vater und wie der Vater sehen: *„ganz erleuchtet von der Herrlichkeit Christi, als Frucht seines Leidens"*. Die Gemeinschaft der Heiligen, das Geheimnis der Kirche ist das Geheimnis des „Christus totus", des ganzen Christus, der alle in sich vereint hat. *„Diese Einheit aller Völker im Herzen Christi wird noch offenkundiger, wenn wir mit offenem Herzen hinhören, wie ein anderes Volk betet; wir entdecken durch ihn, dass die ganz einfachen Haltungen und Worte, in denen sich das spirituelle Leben ausdrückt, keine Religionsgrenzen kennen, dass sie sich einer universellen Sprache bedienen: körperliche Gebetshaltungen und -gesten, das beständige Wiederholen einer litaneiartigen Formel …"* (IE 50).

Worin besteht nun die Berufung der sichtbaren Kirche? Die Christen, die ihr angehören, haben die Aufgabe, dieser Gemeinschaft der Heiligen zu dienen. Und wie? Zunächst dadurch, dass wir diese Gemeinschaft *„sichtbar werden lassen"*. Die Trappistengemeinschaft von *Notre-Dame de l'Atlas* wollte dieses Zeichen der Gemeinschaft sein. *„Der tiefste Sinn jeder Ordensgemeinschaft besteht darin, die Gemeinschaft der Heiligen vorwegzunehmen"*, sagt Christian de Chergé.

Papst Johannes Paul II. hat starke Zeichen gesetzt. Die Gebetsversammlung von Vertretern der Weltreligionen in Assisi war ein solches Zeichen; der Papst hat viel Mühe darauf verwendet, es den Kardinälen und in der römischen Kurie zu erläutern. Auch in Assisi ging es der Kirche darum, ihre Sendung, ihre Berufung als Sakrament der Einheit zu leben. An der Aufgabe, dieses große Geheimnis der Gemeinschaft zeichenhaft sichtbar zu machen, hat jeder Christ Anteil, und er kann ihr nachkommen in den vielfältigen Begegnungen in seinem tagtäglichen Leben.

Die Gemeinschaft der Heiligen ist kein Babel vor dem Turmbau, wo alle dieselbe Sprache sprachen und sich einem gemeinsamen Projekt verpflichtet wussten. Die Gemeinschaft der Heiligen manifestiert sich an Pfingsten, wo jeder seine Sprache spricht und doch von allen verstanden wird. Sie ist ein Geheimnis der Einheit im Spiel der Unterschiede. „Im Haus meines Vaters gibt es viele Wohnungen", sagt Jesus.

Wir haben am Mysterium der Gemeinschaft teil, indem wir lernen, in der Begegnung mit anderen die Unterschiedlichkeit zu akzeptieren, mehr noch: zu lieben. Es geht um dieses Ja zu der Verschiedenheit der Geschlechter, der Kulturen, der Religionen. Gott allein verwirklicht die Einheit. Wir können *„an seine Gegenwart glauben und daran, dass er unsere armselige ‚Gestalt' [vgl. dazu unten S. 83–89] nutzbar werden lassen kann für das große Sakrament der Gemeinschaft der Heiligen".*

Wenn wir die Kirche so von ihrem Mysterium her verstehen, entgehen wir der Versuchung, sie – wie es oft geschieht – auf institutionelle Aspekte zu reduzieren. Wie oft hört man: Was sind wir für Christen? Warum legen wir den anderen unseren Glauben nicht entschiedener und systematischer dar?!

Solche Überlegungen haben den unschönen Beigeschmack des Proselytismus. Wo anderen der eigene Glaube aufgedrängt wird, zeugt dies von der Unfähigkeit, in jener Gemeinschaft der Heiligen zu leben und sie anzuerkennen, die alle Zugehörigkeitskriterien übersteigt. Es heißt umzukehren und sich bewusst zu machen, dass Jesus sagt: „Ich habe noch andere Schafe, die nicht aus diesem Stall sind" (Joh 10,16). Wenn es auch nur eine Herde und einen Hirten gibt, so gibt es doch viele Schafställe ...

„Die Gemeinschaft der Heiligen: Dieses letzte, für uns so wesentliche Geheimnis [im Credo] *zeigt uns den Ort, wo wir uns begegnen, ohne dass damit Näheres über den Weg gesagt würde, der dorthin führt. So sind wir offen für Anregungen; der Geist Jesu bleibt frei, unter uns zu wirken, indem er sich der Unterschiedlichkeit bedient, auch dann, wenn sie uns schmerzt. Wir erkennen, dass er am Werk ist ... Gott weiß mehr darüber!"* (7V 72).

X – Märtyrer der Liebe

Es gibt derzeit viele ‚Märtyrer' in unserem Land. „Hier wie da ehrt jeder seine Toten mit diesem glorreichen Titel: ‚Märtyrer' … Wir selbst haben das Wort lange Zeit nur in einer Richtung verstanden, in einer direkten Beziehung zum Glauben, als ein dem Glauben an Christus und dem christlichen Dogma erwiesenes Zeugnis. Manche ‚Märtyrerakten' erstaunen uns aufgrund dieser unerschütterlichen Glaubenssicherheit … Gar nicht so selten begegnen uns in diesen ‚Akten' Dinge, die uns heute irritieren und schockieren: die Härte dieser Glaubenszeugen, wenn sie vor ihren Richtern stehen, das Bewusstsein, selbst ‚rein' zu sein, das Bekunden der Gewissheit, dass ihre Verfolger schnurstracks auf dem Weg in die Hölle sind … Es hat bis zum ausgehenden 20. Jahrhundert gedauert, bis die Kirche den Märtyrertitel einem Menschen zuerkannt hat, der weniger ein Zeuge des Glaubens als vielmehr ein Zeuge der größten Liebe war: Maximilian Kolbe, der Märtyrer der Liebe …" (IE 225).

„Sein Leben geben aus Liebe zu Gott, im Voraus, ohne Bedingungen, das ist es, was wir getan haben … oder wenigstens was wir zu tun glaubten … Die kleinen Zeichen kosten uns oft viel, vor allem wenn wir sie jeden Tag wieder zu geben haben … Wir haben unser Herz ‚en gros' Gott gegeben, und dann kostet es uns so viel, dass er uns ein kleines Stück davon nimmt!" (IE 228).

In den von extremer Gewalt geprägten 1990er-Jahren mussten die Mönche in Algerien mit der Möglichkeit eines gewaltsamen Todes rechnen, insbesondere seit der Ermordung der kroatischen Arbeiter im Dezember 1993 und dem „Besuch" des GIA im Kloster einige Tage später, am Heiligen Abend. Sollte man das Land verlassen oder bleiben? Die Mönche entschieden sich zu bleiben. Heute werden sie von den Christen zu den Märtyrern gezählt.

Das Martyrium ist im traditionellen Verständnis ein Glaubenszeugnis für Christus, und zwar in Form der Hingabe des eigenen Lebens. Im Lauf der Geschichte hat es viele Christen gegeben, die so ihre Treue zu Christus bezeugt haben, indem sie für ihn in den Tod gingen, ohne sich durch die Drohungen und Gewalt von Anhängern anderer Religionen beirren zu lassen. Die Entführer der Mönche von Tibhirine haben in ihren Kommuniqués an die Behörden ausdrücklich auf den angeblich religiösen Fanatismus dieser Christen Bezug genommen; das heißt, die Mönche aus dem Atlas waren „Märtyrer des Glaubens". Dennoch: Was sie zum Bleiben in Algerien bewog, obwohl sie um die Gefahr eines gewaltsamen Todes wussten, war nicht so sehr der Wunsch, vor den Angreifern ausdrücklich ihren christlichen Glauben zu bekennen, sondern vor allem die Treue zum algerischen Volk, zu ihren muslimischen Nachbarn, zu der Selbstverpflichtung, dort als Mönche zu leben, und zur Ortskirche. Es war ihnen gewissermaßen aus *spirituellen* Gründen nicht möglich, das Land, dieses Umfeld, die dortige Kirche zu verlassen. Ihr Martyrium erscheint so als Schlusspunkt einer „Geschichte der Treue". Mit Christian de Chergé gesprochen, handelt es sich weniger um ein Martyrium des Glaubens (verstanden im Sinne eines Bekenntnisses, das zur direkten Ursache für die Ermordung wird) als um ein *Martyrium der Liebe* (verstanden als Folge der Treue, auch zum Mönchsgelübde der *stabilitas loci*, der Bindung an ein bestimmtes Kloster).

Christian macht darauf aufmerksam, dass die Kirche mit Maximilian Kolbe zum ersten Mal einen „Märtyrer der Liebe" als Märtyrer anerkannt habe. Dieser Franziskanerpater ist bekanntlich 1941 für einen Mithäftling, einen Familienvater, freiwillig in den Hungerbunker des KZs Auschwitz gegangen und hat ihm so das Leben gerettet. Hier leuchtet ein neuer Sinn von „Martyrium" auf.

Das Martyrium der Liebe findet im Martyrium der Mönche von Tibhirine eine, wenn man so sagen kann, Weiterentwicklung. Die Fratres nahmen das im Zweiten Vatikanischen Konzil ausgesprochene feierliche Bekenntnis der Kirche zum interreligiösen Dialog ernst. Sie beachteten mit großer Aufmerksamkeit die prophetischen Gesten des kirchlichen Lehramts, insbesondere die Initiativen von Papst Johannes Paul II. In der kirchlichen Tradition galt es schon lange als verwerflich, Andersgläubige bewusst zu provozieren oder das Martyrium geradezu herbeiführen zu wollen. Inzwischen ist man einen großen Schritt weiter: Heute ist eine wohlwollende Haltung anderer Gläubigen gegenüber geboten.

Das Zweite Vatikanische Konzil ruft dazu auf, Bande des Dialogs, des Vertrauens, des Respekts vor der Religion des anderen zu knüpfen; denn auch dort gibt es, wie das Konzil anerkennt, „Saatkörner des Wortes" und „Strahlen des wahren Lichts". In der Treue zu den Konzilsaussagen konnten sich die Mönche von Tibhirine nur ein Martyrium vorstellen: Christus zu bezeugen durch ein Martyrium der Liebe, in der Treue zu den Menschen, unter denen sie lebten.

Angesichts der Möglichkeit eines gewaltsamen Todes wollte Christian de Chergé kein Urteil über seine Mörder sprechen. Er wünschte sich, ihnen im gegebenen Moment verzeihen zu können, wie er in seinem Testament so kraftvoll ausdrückt: *„Und auch du, Freund meines letzten Augenblicks, der du nicht weißt, was du tust! … Möge es uns geschenkt sein, uns als glückliche Schächer im Paradies wiederzusehen, wenn es Gott, dem Vater von uns beiden, gefällt"* (IE 221).

Der Tod der Mönche von Tibhirine wie die Lebenshingabe eines Maximilian Kolbe und anderer lassen uns neu über das christliche Martyrium nachdenken und drängen zu einer theologischen Vertiefung: Das Martyrium des Glaubens findet eine Vertiefung im Martyrium der Liebe. Was dieses meint, das hat uns Christus in der freien Hingabe seines Lebens in aller Deutlichkeit vorgelebt. „Da er die Seinen, die in der Welt waren, liebte, erwies er ihnen seine Liebe bis zur Vollendung" (Joh 13,1). Ein Märtyrer ist jemand, der wie Christus und aus Liebe zu ihm die Seinen bis zum Ende, bis zum Äußersten liebt.

Dies kann nur in großer Freiheit geschehen. Es war eine freie, bewusste Entscheidung, welche die Mönche dazu bewog, ihrer Berufung bis zum Ende treu zu bleiben. *„Wenn ich mein Leben allen Algeriern geschenkt habe, dann wird der Emir S. A. es mir nicht nehmen, auch wenn er beschließt, mit mir ebenso zu verfahren wie mit unseren kroatischen Freunden"* (IE 229). Niemand könne ihm das Leben nehmen, hat Jesus gesagt, er selbst gebe es „aus freiem Willen hin" (Joh 10,18).

Christliches Martyrium, das ist also wesentlich ein Martyrium der Liebe auf den Spuren der Lebenshingabe Jesu. Und dieses Martyrium der Liebe ist, wie Christian de Chergé *„aus Erfahrung"* weiß, *„nicht exklusiv den Christen vorbehalten"* (IE 230). Er weiß, wovon er spricht. Er verdankt, wie gesagt, seine Berufung einem Muslim, der sein Leben für ihn gegeben hat. *„Mohammed hat sein Leben gegeben – wie Christus!"*

Es ist ein erstaunliches Paradox, dass das christliche Martyrium par excellence, das Martyrium der Liebe, nichts exklusiv Christliches ist. Das Martyrium der Liebe, das Christus selbst auf sich genommen hat, ist gerade dergestalt ein christliches Martyrium, dass viele andere es durchleben können und auf diese Weise mit dem österlichen Geheimnis verbunden sind.

Eine weitere Konsequenz sei kurz aufgezeigt: Wenn das Martyrium auch ein gewaltsamer Tod ist und bleibt, so ist sein eigentliches Kennzeichen die Lebenshingabe aus Liebe, wie wir sagten. Niemand kann sich einen gewaltsamen Tod wünschen. Doch das eigene Leben aus Liebe hinzugeben, das ist jedem als mögliches Ziel, als eine Lebensperspektive vor Augen gestellt. Man kann es mitten im Alltag leben – und auch dies ist alles andere als leicht … Christian merkt treffend an: *„Wir haben unser Herz ‚en gros' Gott gegeben, und dann kostet es uns so viel, dass er uns ein kleines Stück davon nimmt!"* Wir wissen, wie viel es uns kostet, diesen oder jenen Menschen zu lieben, diesen Bruder, diese Schwester … Wir wissen, wie schwer wir uns mit dieser Kleinigkeit tun, mit dieser Eigenart, die einfach unerträglich ist … Das Martyrium des Alltags, verstanden als tagtägliches Geschenk unseres Lebens, stellt unsere Geduld oft auf eine harte Probe. Und am schwierigsten ist die Geduld mit uns selbst …

„Eine Schürze umbinden wie Jesus [bei der Fußwaschung], das kann so ernst und feierlich sein wie die Hingabe des Lebens … Und umgekehrt: Sein Leben hinzugeben kann so einfach sein wie das Anlegen einer Schürze" (IE 228).

XI – In den „Gestalten" der Menschheit

„Der verherrlichte Christus ist ,unter den species' *(= Gestalten) der ganzen Menschheit gegenwärtig, besonders unter denen der Armen und Kleinen: Jeder Mensch ist ein werdender Christus. Die Liturgie ist der privilegierte Ort, wo dieses Werden empfangen wird, gedeiht und in die Geburt einmündet – Tag für Tag. Sie ist auch der Ort, wo dieser Prozess nicht nur für diejenigen zu seinem Ziel kommt, die ihn bewusst geschehen lassen, sondern auch für die Vielen, die nicht wissen, dass sein Schrei der Geburtsschmerz ist.*

Das Psalmgebet, das uns aufgetragen ist, drückt diese Dimension von Kirche aus: Zwei oder drei, die sich in seinem Namen versammeln, genügen, damit der ganze Christus da sei, in all seinen Gliedern; in den Psalmen sind alle ihre Schreie eingefangen, in ihnen finden wir das Antlitz aller Menschen" (CH 19.5.94).

Die Meditation, zu der diese wenigen, aber sehr dichten Zeilen einladen, ist eine Meditation über die Eucharistie. Der Begriff *species* („Gestalten") bezeichnet in der klassischen theologischen Sprache das Brot und den Wein, die durch die Kraft des Heiligen Geistes in Leib und Blut Christi gewandelt werden. Diese „Wandlung" geschieht in der Eucharistiefeier.

Ein Sakrament ist niemals ein bloßer Ritus; doch ist kein Gläubiger vor der Gefahr gefeit, es auf den Ritus der Feier zu reduzieren. Der Ritus bringt das in dem jeweiligen Sakrament gefeierte Mysterium zum Ausdruck; er bezeichnet dieses Geheimnis, das immer ein Geheimnis des Lebens ist. Menschliches Leben und das Leben Gottes verbinden sich in diesem einen Mysterium des *Lebens*, in Jesus, in dessen Person Menschheit und Gottheit [unvermischt und ungetrennt] verbunden sind. Jedes Sakrament ist „Sakrament Jesu Christi".

Wir sehen die *species* von Brot und Wein, doch sie sind Leib und Blut Christi. Brot und Wein stehen zeichenhaft für die ganz konkrete Menschheit. Das Brot steht für das Leben.

In der Liturgie wird das Brot „Frucht der Erde und der menschlichen Arbeit" genannt. Als „Frucht der Erde" symbolisiert es all das, was uns geschenkt ist; das ganze Leben ist ja vor allem Geschenk. Ja, alles ist uns geschenkt: das Leben, ein Partner, eine Partnerin, Kinder, Freunde, so vieles, was wir Tag für Tag auf unserem Weg brauchen – und bekommen, als „Manna" für unterwegs … Das Brot ist aber auch „Frucht der menschlichen Arbeit". Dieser Ausdruck bezeichnet das, was der Mensch im alltäglichen Leben einsetzt, um die ihm geschenkten Gaben empfangen zu können, sie zu schützen und gedeihen zu lassen. Ohne Brot gibt es keine Eucharistie! Ohne konkretes Leben fehlt in der heiligen Messe etwas Wesentliches!

Die *„species*, die Gestalten der ganzen Menschheit", bezeichnen das Leben aller Menschen. Jede heilige Messe ist eine „Messe über die Welt", wie Teilhard de Chardin es formulierte. Die primäre

Materie der Eucharistie ist das Leben der Menschheit als Ganzer und jedes Einzelnen im Besonderen. Wenn wir dies vergessen, wird die Messe leicht zu einem feierlichen Ritus, der von vielen nicht mehr verstanden und folglich auch nicht mehr zur Kenntnis genommen wird.

Die Theologie scheut sich nicht, den so spröden Begriff „Gestalten" für das eucharistische Brot und den Wein zu verwenden. Er macht deutlich, dass es sich um etwas ganz Konkretes handelt. Die Eucharistie, die wir feiern, ist eine Eucharistie aus Fleisch und Blut.

Der „verherrlichte Christus" ist unter den Gestalten von Brot und Wein gegenwärtig. Weil er gegenwärtig ist unter den „Gestalten" der ganzen Menschheit. Und umgekehrt: Er ist unter den „Gestalten" der ganzen Menschheit gegenwärtig, weil er gegenwärtig ist unter den Gestalten von Brot und Wein.

Die wirkliche Gegenwart Christi, seine Realpräsenz, ist Frucht einer Verwandlung der Gaben von Brot und Wein in seinen Leib und sein Blut. Als gewandelte Gaben bezeichnen „das Brot des Lebens" und „der Kelch des Heils" die reale Gegenwart Christi. Diese Wandlung, die wir im sakramentalen Ritus feiern, geschieht in der Kraft des Heiligen Geistes, der auf Brot und Wein herabgerufen wird – und auf die versammelte Gemeinde, dass auch sie umgewandelt werde in den Leib Christi. Diese Umgestaltung in Christus nimmt in unserem Leben Gestalt an, wenn wir uns vom Gottesgeist ergreifen und umformen lassen. Christus selbst nimmt in uns immer mehr Gestalt an, sodass wir hoffen, einmal mit Paulus sagen zu können: „Nicht mehr ich lebe, sondern Christus lebt in mir" (Gal 2,20).

Wenn wir uns in unserer ganz konkreten Lebensgeschichte umgestalten lassen, haben wir also teil an dieser eucharistischen Umwandlung. Christian de Chergé drückt es so aus: *„Jeder Mensch ist ein Christus im Werden."* Es ist nicht Sache des Bewusstseins und nicht Frucht unserer Willensanstrengung, sondern Werk des Heiligen Geistes, das freilich unser freies Ja verlangt.

Auch im Nachdenken über die Eucharistie hilft uns Christian de Chergé zu verstehen, dass das Mysterium, in das uns die christliche Offenbarung hineinführt, nicht bloß die bekennenden Christen angeht. Im *„Haus des Islam"* wohnend, hat er die universelle Dimension der Offenbarung mitten im Alltag gelebt. Und er hat selbst einen Beweis dieser Universalität des eucharistischen Geheimnisses erlebt: in der Lebenshingabe eines muslimischen Freundes – für ihn. Für Christian war es eine *eucharistische* Hingabe. Hier wird geradezu greifbar, dass „der Heilige Geist allen die Möglichkeit anbietet, diesem österlichen Geheimnis in einer Gott bekannten Weise verbunden zu sein" (GS 22). Das Geheimnis, das die Sakramente bezeichnen, ist der ganzen Menschheit angeboten.

Die Begegnung mit diesem Geheimnis reicht über die Sakramente hinaus. *„Sie ist allen Menschen* *in jedem Moment angeboten. Wer zu dieser Begegnung außerhalb der Sakramente hinfindet, versteht – sofern er Christ ist –, dass das, was sich da erfüllt, im Sakrament schon geschenkt war. Doch auch, wenn er kein Christ ist, wird er ohne es zu wissen in das Ostergeheimnis hineingeführt"* (CH 19.7.94).

Christian de Chergé spricht von dem großen Geheimnis des Glaubens. Die „Wandlung" wird mit dem Werden eines Kindes verglichen. Man denkt an die Empfängnis, an die Zeit der Schwangerschaft, aber auch an die Schmerzen der Geburt. Die Wandlung von Brot und Wein wird Sinnbild für die Verwandlung des Menschen. In seinem Tod und seiner Auferstehung hat Christus selbst diesen Prozess durchlaufen und ist zum „Erstgeborenen von vielen Brüdern" (Röm 8,29) geworden. Es ist das österliche Geheimnis, an dem das ganze Menschengeschlecht Anteil hat. Christus ist der Erstgeborene einer „Vielzahl", einer „Menge" von Schwestern und Brüdern. Hier geht es nicht um eine soziologisch bestimmbare Kategorie, sondern um jene „große Schar", die „niemand zählen konnte … Es sind die, die aus der großen Bedrängnis kommen" (Offb 7,9.14).

Wie sieht diese Umwandlung, dieses „Werden" konkret aus? Es geht um unser ganz konkretes Leben. Es geht darum, uns herausrufen zu lassen aus unseren Versklavungen, auszuziehen aus „Ägypten, dem Sklavenhaus", und uns aufzumachen in das verheißene Land, ins Land der Freiheit (und das meint weit, weit mehr als die Lösung aus moralischer Schuld!). Es geht um den Weg in die Freiheit der Kinder Gottes. Diese Freiheit ist Frucht einer anderen Gerechtigkeit als jener des „Gesetzes". Wenn Abraham zu den Gerechtfertigten zählt, so nicht wegen seiner Gesetzestreue, sondern weil er der göttlichen Verheißung geglaubt hat (vgl. Röm 4).

Diese Befreiung ist mit einer neuen Geburt zu vergleichen (vgl. Joh 3). Wie viele Menschen brauchen den ganz neuen Anfang, müssen hinter sich lassen, was in ihrem Leben geschehen ist, über die Verwundungen, die ihnen zugefügt wurden, und über so manche Verirrung hinauskommen … Und so überraschend es zunächst klingen mag: Unter Umständen ist es auch nötig, sich von anerzogenen Wertvorstellungen zu lösen, die zu Abschottung führen, und frei zu werden von religiösen Vorstellungen, durch die der weite Horizont des Glaubens und die Frohe Botschaft zumindest teilweise verstellt oder verdunkelt werden.

Diese Befreiung kann sich zum Beispiel im Durchbruch zu einer erfüllten, sinn-voll gelebten Sexualität zeigen, im Mut, gegen den Strom zu schwimmen, in der Kontrolle über sich selbst, im Wissen, was man sagt, im Bemühen, zu reden, wenn es angebracht ist, in der Fähigkeit, ja oder nein zu sagen, ohne drumherum zu reden …

Denken wir öfter an diesen Erneuerungsprozess, an unser „Werden". In den Psalmen finden wir die passenden Worte, sie bringen die ganze Bandbreite der Gefühle zum Ausdruck, in ihnen sind *„alle Schreie eingefangen"*, in ihnen *„finden wir das Antlitz aller Menschen"* …

Und wenn wir Eucharistie feiern und „die Gestalten der Menschheit" vor Gott tragen, dann feiern wir diese Umwandlung, dieses Neu-Werden – für uns und die Vielen.

XII – Du bist der Andere, den wir erwarten!

„Diese panische Angst vor dem ‚erwarteten Ande-ren' findet sich in der ganzen Heiligen Schrift. Sie steht unübersehbar im Hintergrund des Lebens von uns allen, das von Begegnungen und nachfolgenden Erwartungen durchzogen ist.

Durch den enormen Reichtum seiner Schöpfung wie durch die Verschiedenheit von uns Menschen hat Gott uns darauf vorbereitet, die Unterschiedlichkeit zu beja-hen und anzunehmen. Sie ist eine unverzichtbare Kom-ponente aller Liebe. Umso mehr, wenn diese Liebe nach dem Bild desjenigen gestaltet und gelebt wird, von dem sie ausgeht. Unermessliches Geheimnis des drei-einen Gottes, wo der Geist unablässig für die Unterschieden-heit sorgt – zunächst zwischen dem Vater und dem Sohn und dann, nach und nach, auch zwischen dem einen und dem anderen unter uns …

Mit Christus bricht die von Jesaja angekündigte neue Welt an [vgl. Jes 11], in der sich die Unterschiedlichkeit nicht mehr als Ursache für Krieg und Zwietracht nach vorne drängt … Es ist die prophetische Vision einer Welt, in der Wolf und Lamm beieinander wohnen …, keineswegs aber eine Welt ohne Unterschiede: Die Schlange bleibt Schlange, und der Säugling spielt vor dem Schlupfloch der Natter, ohne dass er selbst dort wohnen wollte und ohne sie von dort zu vertreiben" (H 10.12.95).

Wie kein anderes biblisches Buch spricht das Hohelied von sehnsüchtiger Erwartung. Unentwegt suchen der Geliebte und die Geliebte einander, finden sich, verlieren sich, um sich neu zu finden, und der Leser weiß nie, ob es sich um die Geschichte zweier Menschen handelt oder um die Geschichte eines jeden von uns mit Gott. Ganz geschickt wird diese Mehrdeutigkeit aufrechterhalten; denn gerade darin verleiht sie dem Geheimnis der Andersheit und der Begegnung mit dem anderen Ausdruck. Wer ist der so sehr erwartete Andere? Nie werden wir säuberlich die Erwartung der geliebten Person von der Erwartung trennen können, die diese Sehnsucht in sich trägt: der Erwartung dessen, der allein das Herz des Menschen erfüllen kann.

Hat nicht Jesus selbst uns zu dieser Tiefendimension der Erfahrung der Andersheit hingeführt, indem er sich mit dem anderen identifiziert hat: mit dem Hungrigen, mit dem Dürstenden, mit dem Gefangenen ...? Sind nicht der Partner, der Freund, die Freundin diejenigen, die mehr als alles andere zeichenhaft die liebende Präsenz Gottes verkörpern? Im Spiel von Andersheit, Beziehung und Begegnung wird gewissermaßen sakramental die Präsenz *des* Anderen zeichenhaft vergegenwärtigt: die Präsenz Gottes. Die Bedingung dafür ist gerade die Unterschiedenheit; denn dieses „Spiel" ist ohne eine nicht hintergehbare Verschiedenheit undenkbar.

Nun gibt es zwei Arten von Verschiedenheit. Die erste ist menschengemacht: Sie spaltet und führt zur Trennung. Sie ist etwas „dia-bolisches" im ursprünglichen Wortsinn: Sie entzweit. Die zweite kommt von Gott. Sie zeigt sich in der Mannigfaltigkeit der Schöpfung, in der Unterschiedlichkeit der Geschlechter, in der Einmaligkeit eines jeden, in den vielen Farben des Regenbogens am Himmel …

Diejenigen, die einander lieben, wahren ihre Verschiedenheit. Sie machen die beglückende Erfahrung der Einheit, doch sie besitzen einander nicht, damit sie sich wieder und wieder gegenseitig schenken können. Sie lernen das Glück kennen, Mann und Frau zu sein, sie freuen sich an der unaufhebbaren Verschiedenheit, die zum Menschsein gehört. Wer in der paradoxen Erfahrung einer Unterschiedlichkeit lebt, die zur Einheit führt, und einer Einheit, die zur Bejahung des von ihm Verschiedenen führt, tritt ein in das Mysterium des drei-einen Gottes, das zur christlichen Offenbarung gehört.

Der Heilige Geist schafft unablässig die Unterschiedenheit. Er scheint geradezu Gefallen daran zu finden! In Christian de Chergés Testament findet sich die schon zitierte Formulierung, es werde auf immer die *„geheime Freude"* des Geistes sein, *„Gemeinschaft zu schaffen und die Ähnlichkeit wiederherzustellen, indem er mit den Unterschieden spielt"*. Er schreibt dies vor dem Hintergrund der Begegnung mit muslimischen Brüdern und Schwestern.

Der Mensch ist von der Unterschiedlichkeit angezogen und hat zugleich den Hang, sie herunterzuspielen oder gar zu negieren. Denn sie ist unbequem. Sie kann ihm das Gefühl geben, seine Identität sei bedroht. Tatsächlich relativiert sie die Werte, die Prioritäten und Rangordnungen, die Sichtweisen und Empfindungen jedes Einzelnen; doch gerade so öffnet sie ihn für etwas Größeres, für etwas, was er noch nicht wahrgenommen hat, für das ihm Fremde.

Und aus diesem Grund wird die Unterschiedlichkeit ein privilegierter Weg zu Gott, dem *ganz Anderen*, den keine Annäherung je ganz erreicht, der sich von keiner Theologie, von keiner Spiritualität und auch von keiner Religion „einfangen" lässt.

Nachdrücklich betont die biblische Offenbarung, wie wichtig es ist, dem Fremden Aufnahme zu gewähren, nicht so sehr aus Liebe zu ihm, sondern gerade aufgrund seines Fremd-Seins. Denn der Fremde trägt eine Verheißung in sich: „Vergesst die Gastfreundschaft nicht; denn durch sie haben einige, ohne es zu ahnen, Engel beherbergt" (Hebr 13,1).

Ein jeder kann sich dafür entscheiden, unbedingt die eigene Identität zu behaupten, auch wenn dies zur Ablehnung und Ausgrenzung dessen zu führen droht, der anders ist als er. Eine solche Zurückweisung ist oft ein Zeichen einer nicht gefestigten Identität. Oder man fühlt sich bedroht. Oft führt die Suche nach der eigenen Identität zur

Zurückweisung des Anderen. Und Toleranz ist gar nicht selten nur eine verkappte Form von Indifferenz: einer Gleichgültigkeit, in der die Unterschiede nicht geachtet werden.

Die *„geheime Freude"* des Geistes ist es, *„Gemeinschaft zu schaffen und die Ähnlichkeit wiederherzustellen, indem er mit den Unterschieden spielt"*, schreibt Christian.

Der Mensch wurde nach Gottes Abbild, ihm ähnlich geschaffen [vgl. Gen 1,27]. Der Königsweg zur Wiedererlangung dieser Ähnlichkeit führt über die Unterschiedlichkeit. Mann und Frau brauchen einander, um je sie selbst zu sein; in der Verbindung der unterschiedenen Geschlechter wird die Gott-Ähnlichkeit wiedererlangt. In gewisser Weise gilt das Gleiche auf vielen Gebieten, auch auf dem der Religion.

„Anders Gott sagen, das heißt nicht, von einem anderen Gott sprechen" (Christian de Chergé). Ich habe etwas von einem Andersgläubigen zu empfangen. Kompromisse zu suchen oder den eigenen Glauben zu verschweigen, das käme einer Verneinung der Unterschiede gleich. Der wirkliche Dialog ruft jeden Einzelnen dazu auf, seinen eigenen Weg zu gehen, den eigenen Glauben zu vertiefen, sich zu dem Gott, an den er glaubt, bekehren zu lassen. Der Andersgläubige wird mich über diesen und jenen ihm unbekannten Aspekt meines Glaubens befragen, er wird einen guten „Wettstreit" in Gang bringen, macht mir vielleicht verborgene Erwar-

tungen bewusst und trägt dazu bei, dass ich Dinge formuliere, die ich noch nie in Worte gefasst habe.

Der Apostel Paulus spricht von „Mut und Ausdauer": Wir brauchen Mut, um in einer Welt, die alles zu nivellieren droht, wir selbst zu bleiben. Wir brauchen Mut, um den anderen so anzunehmen, wie er ist und wo er ist, mit seinem Reichtum, seinen Grenzen und Eigenarten … *„Mut, nicht Wasser zu sein, wenn der andere Feuer ist. Ohne zu versuchen, das Feuer zu löschen, wozu das Wasser in der Lage wäre. Ohne zu fürchten, dass dieses Feuer mich ‚verdampfen' lässt: Dazu ist es nicht da!"* (H 10.12.95).

Das Bekenntnis zur Unterschiedlichkeit wird gerade durch den Glauben an die Einheit ermöglicht: Wer darauf vertraut, dass Gott die Welt durch Christus im Heiligen Geist zur Einheit führen will, der wird nicht billige Kompromisse suchen und weder einem Relativismus noch einem Dogmatismus verfallen. Denn der Glaube an die verheißene Einheit erlaubt es, die Unterschiedlichkeit ernst zu nehmen und sich ihr auszusetzen.

Dieser Glaube ist mit einer Verheißung verbunden. Dem, der das Wagnis eingeht, sich ganz auf die Begegnung mit dem anderen einzulassen, ist das Versprechen gegeben, dass er auf dem Antlitz des oder der Geliebten wie auf dem Antlitz des Andersgläubigen die Umrisse des ganz Anderen erkennt, auf den er wartet, und die Ahnung dieser göttlichen Präsenz lässt ihn erschaudern. Ob es uns wohl gewährt wird, Gott auf dem Antlitz jedes Bruders, jeder Schwester zu entdecken? *„Ja, wirklich: Du bist der Andere, den wir erwarten!"* Wir können uns den Psalmvers zu eigen machen, den Christian in seiner letzten Predigt kommentiert hat:

„Lass dein Angesicht leuchten,
dann ist uns geholfen" (Ps 80,4).

XIII – Betende unter anderen Betenden

„I*m Jahr 1975 haben wir uns entschlossen, ‚Betende unter anderen Betenden' zu sein ... Betende unter diesen anderen Betenden. Unsere Berufung zeigt sich als ein ‚Werk Gottes'. Ihm nichts vorziehen: Wenn wir so leben, nehmen unsere Nachbarn das wahr. Der* Salât *[das Ritualgebet, das die Muslime fünfmal täglich verrichten] gibt dem täglichen Gebetsleben der Muslime seinen Rhythmus. Es verbindet sie, dass sie sich fünf Mal am Tag zum Gebet gerufen wissen, auch wenn viele zumindest nicht sichtbar auf diesen Ruf antworten. Man begreift, dass Kardinal Duval uns einmal gesagt hat, das Leben der Trappisten sei die beste Weise, um in muslimischem Umfeld verständlich zu machen, was die Kirche innerlich bewegt ... Würde dieses Zeichen dort fehlen, dann wäre, so können wir sagen, unsere Kirche verstümmelt – wie auch der islamisch-christliche Dialog in seinem derzeit so mühsamen, beschwerlichen Suchen"* (CH 25.2.95).

1975 haben sich die Mitglieder der Gemeinschaft *Notre-Dame de l'Atlas* selbst definiert als „Betende unter anderen Betenden". Der fünfmalige Ruf zum Gebet, der dem Tag eines Muslim seinen Rhythmus gibt, erinnert an die sieben Gebetszeiten, die das tägliche Leben der Mönche gliedern, und an das „Kleine Stundengebet" mit fünf Gebetseinheiten, das die Priester und Diakone verrichten und das allen Gläubigen empfohlen wird.

Heute gibt es viele Laien, die dieses Gebet der Kirche teilweise, manchmal auch ganz mitbeten.

Die Mönche von Tibhirine hätten ihre Berufung zum Gebet in *Notre-Dame de l'Atlas* wie an jedem x-beliebigem Ort auf dieser Welt leben können; denn die Berufung der Mönche ist in gewisser Weise überall dieselbe. Doch sie haben sich entschieden, der Tatsache Rechnung zu tragen, dass sie sich in einem muslimischen Umfeld, im *„Haus des Islam"*, befanden, und ihr monastisches Leben davon ein wenig beeinflussen zu lassen.

„Wenn wir mit offenem Herzen hinhören, wie ein anderes Volk betet, entdecken wir ..., dass die ganz einfachen Haltungen und Worte, in denen sich das spirituelle Leben ausdrückt, keine Religionsgrenzen kennen ... Dies findet seinen Ausdruck in der tiefen Verbundenheit im Gebet mit den anderen Menschen, den anderen Gläubigen. Ich kenne eine Gemeinschaft, die die Grenzen übersteigt" (IE 50).

Ganz konkret haben die Mönche von Tibhirine auf jeden Gebetsruf gehört, ob er nun von der Glocke oder vom Muezzin her kam: *„Ein Ruf zum Gebet kann mich nicht gleichgültig lassen. Jedes Mal drängt er mich, das Gebet ernst zu nehmen ... Niemand kann zum Gebet drängen, wenn nicht Gott. Hier in Algerien verstehe ich besser, dass alle dazu gerufen sind, dass der Mensch für den Lobpreis und die Anbetung geschaffen ist"* (IE 48).

Ihren muslimischen Nachbarn, die nicht über die finanziellen Mittel für den Bau einer Moschee verfügten, hatten die Mönche einen Saal im Klosterbereich angeboten. *„Glocke und Muezzin, deren Rufe zum Gebet aus demselben Kloster ertönen, sind miteinander ein Anstoß, uns zusammen zum Lobpreis zu versammeln, weit mehr, als Worte sagen können"* (7V 87).

Die Mönche haben ihre Berufung als *„Betende unter anderen Betenden"* gelebt, indem sie den muslimischen Gästen, die zu einer inneren Einkehr ins Kloster kamen, Gastfreundschaft gewährten. Eine sufistische Bruderschaft regte regelmäßige Zusammenkünfte an; so entstand der *Ribât-es-Salâm*. Es waren Begegnungen eines intensiven Gebets und tiefen geistlichen Austauschs.

Die Mönche von Tibhirine haben so durch ihre Erfahrung dazu beigetragen, das Gebet in den Mittelpunkt der Begegnung zwischen Gläubigen verschiedener Religionen zu stellen. Das Gebet ist grundlegend für den interreligiösen Dialog: *„Ich kenne eine Gemeinschaft, die die Grenzen übersteigt"*, schrieb Christian de Chergé.

Diese Weise, sich am interreligiösen Dialog zu beteiligen, steht jedem offen, auch dem, der nicht die Möglichkeit hat, an interreligiösen Begegnungen teilzunehmen. Wir können heute die Selbstdefinition der Mönche aufgreifen und auf jeden Christen übertragen: Jeder kann sich als *„Betender und anderen Betenden"* verstehen.

Jeder getaufte Christ ist, wie es bei der Taufe zum Ausdruck kommt, nicht nur „Prophet" und „König", sondern auch „Priester". Er ist ein von Christus Gesandter, er soll bei Gott für die Welt

eintreten, was zuallererst heißt: seinerseits Gott
Lob und Dank sagen, das eigene Leben zu einem
„Opfer des Lobes" werden lassen. Diese pries-
terliche Aufgabe gehört wesentlich zum Christ-
sein, sie prägt das apostolische Wirken und Beten.
Oft möchte ein Christ mit den Aposteln bitten:
Herr, lehre mich, lehre uns beten; denn wir wissen
nicht wie …

Das Gebet als Christ verleiht keine Überlegenheit gegenüber den anderen. Jesus hat seinen Jün-
gern zu verstehen gegeben, dass nur ein Gebet
nicht angenommen wird: das Gebet dessen, der
meint, besser zu sein als andere! Der Pharisäer im
Tempel, der sich mit dem Zöllner vergleicht und
sich für besser hält, muss sich sagen lassen, dass
sein Gebet zurückgewiesen wird. Ein Christ sollte
sich auf keinen Fall abfällig über das Gebet eines
Muslim äußern oder es von oben herab beurteilen!
Statt sich abzugrenzen oder sich zu vergleichen,
sollte ein Christ bedenken, dass er verbunden ist
mit allen gläubigen Menschen, die irgendwo auf
der Welt beten. Papst Johannes Paul II. hat nach
dem interreligiösen Gebetstreffen von Assisi den
Kardinälen und Vertretern der Kurie erklärt, dass
die katholische Kirche berufen ist, allen christlichen Schwestern und Brüdern anderer Konfessio-
nen die Hand zu reichen – und, zusammen mit
ihnen, allen Gläubigen. Das Gebet ist wie eine ver-
bindende Kette; es ist Teil der gemeinsamen Berufung der Religionen, deren Sendung es ist, die
Menschheit für die Transzendenz zu öffnen.

Als die Jünger Jesu sahen, wie andere jüdische Gläubige (in diesem Fall Anhänger des Täufers Johannes) beteten, baten sie Jesus, er möge sie beten lehren. Man beachte, dass Jesus ihnen keine besondere Gebetsmethode empfiehlt. Er legt ihnen vielmehr nahe, in welcher Haltung, mit welcher Ausrichtung sie beten sollen: „Wenn ihr betet, sprecht: Vater unser …" Er gibt ihnen im wahrsten Sinne des Wortes eine Orientierung: Er richtet sie aus auf den Vater, er wendet sie dem Vater zu.

Und er sagt: „unser Vater", ohne dieses „unser" auf die zu begrenzen, die seine Jüngerinnen und Jünger sein werden. Es umfasst vielmehr alle, die Gott zum Vater haben, das heißt die ganze Menschheit. Sich als „Betende unter anderen Betenden" zu verstehen, das kann also nicht bedeuten, sich abzugrenzen – und schon gar nicht, das eigene Beten dem Beten eines anderen gläubigen Menschen (wer immer es sei) überlegen zu wähnen!

Das Gebet schafft eine tiefe Solidarität in einer alle Grenzen überwindenden Gemeinschaft. Die Christen haben dabei ihren Platz einzunehmen und daran festzuhalten: im Gebet gleichsam die Hände ihrer Schwestern und Brüder zu halten und sich so dem Vater zuzuwenden. In dieser Gebetsgemeinschaft, die die Unterschiede weder leugnet noch beseitigt, kommt die Einheit in Gott schon zum Tragen, in gewisser Weise wird sie so schon „gelebt".

Betende unter anderen Betenden werden, das ist der Ruf, der von dem religiösen Pluralismus her, in dem wir längst leben, an uns ergeht. Es ist ein Appell, unser Beten zu erneuern, es auszuweiten auf die Gemeinschaft mit allen gläubigen Menschen hin, eine Gemeinschaft, welche Ausdruck jener Einheit ist, in der wir im Herzen des Vaters verbunden sind, einer Gemeinschaft, die den Tag vorwegnimmt, an dem wir im Himmelreich miteinander ein neues Lied anstimmen werden.

XIV – Mission

„Das Wort Gottes ist das erste Wort in der Missi-on. Es geht nicht nur jeder Sakramentenspendung voraus, sondern – so müssen wir annehmen – auch der ausdrücklichen Verkündigung durch die Jünger …

Das Wort [Christus, der Sohn Gottes] ist den Vielen übergeben und ausgeliefert, und es ist Aufgabe des Heiligen Geistes, über die in allen Herzen ausgestreute Saat zu wachen. So ist das Wort selbst dem Wort des Jüngers immer schon voraus. Dies ist der Grund, weshalb es erkannt, wiedererkannt und, wenn Gott es will, im Glauben bekannt werden kann …" (CH 2.8.94).

„Jede missionarische Berufung bedarf, wie mir scheint, einer breiten kontemplativen Grundlage, das heißt einer inneren Offenheit für die Spuren des Gottesgeistes, der – vor jeder Verkündigung des Evangeliums – schon die Herzen und Kulturen bearbeitet hat. Hat man nicht oft die jungen, dem Erdreich angepassten Triebe zertrampelt, weil man meinte, den Urwald roden zu müssen?" (IE 51).

Die Lage der Christen in Algerien, im *„Haus des Islam"*, hat die Kirche zu einem tieferen Nachdenken über Sinn und Bedeutung der Mission bewogen. Die kirchliche Mission darf nicht auf die Glaubensverkündigung reduziert werden, erst recht nicht auf den Wunsch, Andersgläubige zum christlichen Glauben zu bekehren. Man könnte sich freilich fragen: Wenn die Kirche auf diese Bekehrungsbemühungen, auf jede Form von Proselytismus verzichtet, verzichtet sie dann nicht auch auf ihre Sendung?

Das Zweite Vatikanische Konzil hat lange über die missionarische Tätigkeit der Kirche reflektiert. Dabei wurde deutlich, dass der Begriff der Sendung sich ursprünglich nicht auf die Kirche bezieht, sondern auf das Leben des dreifaltigen Gottes. Die Sendung Gottes liegt in der Bestimmung des Vaters, „alles in allen" zu werden und das ganze Menschengeschlecht zum ewigen Hochzeitsmahl im Himmelreich zu versammeln. Diese „Sammlung" ist das immer aktuelle Werk Christi und des Heiligen Geistes, „der sein Werk in der Welt weiterführt und alle Heiligung vollendet" (wie es in der Liturgie heißt). Vergessen wir nicht, dass es *Gottes* Werk ist …

Die Kirche versammelt nicht die Menschen in ihrem Schoß, sondern sie ist in der Menschheit das Zeichen jener Einheit des Menschengeschlechts, deren Quelle und Ziel in Gott liegen und die jetzt unseren Augen verborgen ist. Es gibt, wie wir schon sagten, nur eine Herde und einen Hirten, Jesus Christus, aber es gibt viele Schafställe! „Ich habe noch andere Schafe, die nicht aus diesem Stall sind; auch sie muss ich führen …" (Joh 10,16), sagt Jesus. Die Kirche hat sich im Zweiten Vatikanischen Konzil als „das Sakrament, das heißt Zeichen und Werkzeug für die innigste Vereinigung mit Gott wie für die Einheit der ganzen Menschheit" (LG 1) bezeichnet. Da liegt der Grund, weshalb das Wort Gottes das erste Wort in der Mission ist. Nicht das Wort des Missionars, sondern das Wort Gottes! Die Mission ist nicht eine Tätigkeit unter anderen. Sie ist zunächst die Präsenz eines Mysteriums, das in den verschiedenen Kulturen und Religionen und im Herzen jedes Menschen keimt. Jeder Mensch wird in seinem Innern vom göttlichen Meister bearbeitet. Jeder Mensch, ob er die Evangelien kennt oder nicht, ist dazu berufen, das Geheimnis von Tod und Auferstehung zu leben. Aus der Tiefe seines Herzens heraus ergeht der Ruf, sich dem Licht zuzuwenden und jeder Art von Dunkelheit den Rücken zu kehren. Der Apostel Paulus schreibt: „Die Liebe Gottes ist ausgegossen in unsere Herzen durch den Heiligen Geist, der uns gegeben ist" (Röm 5,5).

Dies ist die eigentliche „Mission", und wir dürfen uns von den verschiedenen missionarischen Aktivitäten der Kirche nicht den Blick darauf versperren lassen. Dieses Wort Gottes, das den Herzen der Menschen wie den Kulturen eingeschrieben ist, ist Christus selbst, der Logos, das Wort. *„Das Wort ist den Vielen übergeben und ausgeliefert, und es ist Aufgabe des Heiligen Geistes, über die in allen Herzen ausgestreute Saat zu wachen"*, sagt Christian de Chergé. Die Religionen sind wie Felder, auf denen Christus schon gesät hat. Er, das Wort, spricht im Herzen jedes Menschen, lange bevor ihn das Wort eines Jüngers Christi erreicht! *„So ist das Wort selbst dem Wort des Jüngers immer schon* *voraus. Dies ist der Grund, weshalb es erkannt, wiedererkannt und, wenn Gott es will, im Glauben bekannt werden kann ..."* (Christian de Chergé).

Diese aufs Erdreich gestreute „Saat des Wortes" kann Frucht bringen, ja reiche Frucht; denn der Geist wacht darüber, dass sie aufgeht und gedeiht. Die Apostel sind Erntearbeiter, die ernten, wo sie nicht gesät haben.

Wenn Christen unruhig zu werden drohen, weil sie meinen, unbedingt die Welt verändern zu müssen, indem sie ihr den Glauben bringen, pastorale Strategien entwickeln und Aktionen zur Evangelisierung starten, dann ist es gut, sich daran zu erinnern, dass die Mission nicht ihr Werk ist! Die wirklichen Apostel von heute wissen darum; sie verstehen es, die Samenkörner des Wortes und die Strahlen des wahren Lichts zu erkennen, die das Leben ihrer Nachbarn, auch der andersgläubigen, durchziehen. Christian de Chergé schreibt darum: *„Jede missionarische Berufung bedarf, wie mir scheint, einer breiten kontemplativen Grundlage ..."*

Mit hoher Wahrscheinlichkeit sind es solche kontemplativen Apostel, die der Kirche in unserer Zeit besonders fehlen. Die Besorgnis wegen der Zukunft der Kirche, das Bemühen um Effizienz, das Eingehen auf sich aufdrängende Probleme und anderes können unseren Blick von der Tatsache ablenken, dass der Heilige Geist der Protagonist der Mission ist und nicht nur in den Herzen der Menschen, sondern auch in den verschiedenen Kulturen und Religionen am Werk ist! Es ist so viel leichter, unruhig zu werden und hektisch zu agieren, als zu vertrauen und in *„einer inneren Offenheit für die Spuren des Gottesgeistes"* zu leben, *„der – vor jeder Verkündigung des Evangeliums – schon die Herzen und Kulturen bearbeitet hat"*.

Wenn „Mission" zuerst die stets präsente und aktuelle „Mission" des Sohnes und des Heiligen Geistes ist, wenn der Dienst der Kirche darin besteht, Zeichen und Werkzeug für Gottes Wirken zu sein, dann kommt es darauf an, ein lebendiges *Zeugnis* zu geben: Zeuge ist nicht derjenige, der etwas weiß und sagt, was er gelernt hat; Zeuge ist, wer *sieht*. Ein Zeuge ist jemand, der das Wirken Gottes in der Welt betrachtet. Er wiederholt nicht, was er eines Tages gesehen hat, sondern sagt, was er hier und jetzt sieht.

Das Ziel des Zeugnis-Gebens ist nicht, der Kirche neue Mitglieder zuzuführen, sondern sich selbst und andere für Gottes Wirken zu öffnen. Das Zeugnis geht übrigens nicht immer von denen aus, die gläubig sind und sich als Jüngerinnen und Jünger Jesu verstehen. Viele Christen haben erlebt, wie Menschen, die vordergründig mit dem Christentum nichts zu tun haben, für sie zu Zeugen geworden sind. Womöglich wird der eine oder andere einwerfen, derartige Überlegungen seien schön und gut, doch in der Praxis bringe das doch nichts. Aber: Kommt es wirklich auf die Zahl der Mitglieder an? Ist der Kirche jemals verheißen worden, an Zahl und Mitteln groß und mächtig zu sein? In Zeiten der großen Eroberungen, beispielsweise in Amerika, mag die Kirche „erfolgreich missioniert" haben, doch gerade dies war im Allgemeinen alles andere als ein Beispiel für ein Leben nach dem Evangelium. Effizienz ist niemals ein Kriterium für die Mission der Kirche.

Die Mönche von Tibhirine waren wenige, fernab in einem Trappistenkloster im algerischen Atlasgebirge. Doch mit den Jahren hat ihre Ausstrahlung zugenommen; sie sind ein leuchtender Juwel in der Kirche am Anfang des dritten Jahrtausends. Und das, obwohl sie weder Missionierungspläne noch Verkündigungsstrategien hatten und niemanden „rekrutieren" wollten. Sie haben es verstanden, das Glaubenszeugnis von muslimischen Brüdern und Schwestern anzunehmen. Sie selbst waren in erster Linie Zeugen. Sie haben dem Begriff des Zeugnisses seine weite Dimension gegeben, indem sie aus Liebe zu ihren Nachbarn, ihren muslimischen Freunden, ihr Leben hingegeben haben – in der Treue zu Gott und zum algerischen Volk. In diesem Zeugnis sind sie bis zum Martyrium gegangen: Sie haben ihre Hingabe buchstäblich mit dem Leben bezahlt. So sind sie auch künftig ein Zeichen für die „Gemeinschaft der Heiligen" im Schoß des einen Vaters, in welcher Christen und Muslime schon verbunden sind.

XV – Wie Maria zu Besuch bei Elisabeth

„Gesegnet ist sie, die Jungfrau ..., die Frau ..., die Mutter ..., die Königin ... – So singen wir täglich im Stundengebet. Maria ist der Kreuzungspunkt, wo das ‚Segnen' Gottes und das ‚Segnen' des Menschen zusammenlaufen und, wenn man so will, einander beglückwünschen.

‚Du bist gesegnet unter den Frauen ...' – Maria, die mehr als alle anderen Gesegnete: Diesen Titel hat ihr nicht der Engel verliehen, sondern Elisabeth, als Antwort auf den Gruß Marias bei ihrem Besuch. Dieser Titel ist untrennbar verbunden mit dem anderen, der bald darauf dem Kind im Schoß der Jungfrau zugesprochen wird: ‚... und gesegnet ist die Frucht deines Leibes' (Lk 1,42).

Elisabeth proklamiert den besonderen Segen Gottes, der auf Maria liegt, und zugleich sagt sie als erste in unser aller Namen Gott Dank für sein Geschenk an die Menschheit. Vom Geist durchzuckt, steht sie wieder vor der unberührten, jungfräulichen Schöpfung Gottes, die gerade aus seiner Hand hervorgeht und von ihm für sehr gut befunden wird ... Elisabeth stimmt zu. Sie kann es tun, denn alles wird in Maria wiedergeboren ...

Maria kann so ihr Segenslied anstimmen, ihr eucharistisches (Dank-)Lied: ‚Meine Seele preist die Größe des Herrn ..., der Mächtige hat Großes an mir getan'" (CH 10.5.94).

Die christliche Tradition hat der Erzählung von der Begegnung von Maria und Elisabeth den schönen Namen *visitatio* gegeben [auf Deutsch „Heimsuchung", ein heute eher fremd klingender Begriff]. An die Begegnung der Mütter anknüpfend, haben die Kirchenväter den Gruß der Kinder, die Begegnung von Johannes, dem späteren Täufer, und Jesus, kommentiert. Viele Künstler haben das Mysterium dieser Begegnung in ihren Werken einzufangen versucht. Sie alle haben gespürt: Die Begegnung dieser beiden Frauen ist wie ein Modell jeder echten Begegnung.

Christian de Chergé hat oft über diesen biblischen Text gesprochen und geschrieben. Er findet darin die typische Erfahrung mönchischen Lebens: *„Seht: Maria, die junge Professe (gerade erst hat sie ihr Ja gegeben). Sie wagt sich auf den Weg durchs Gebirge, um das Noviziat ihrer universellen Mutterschaft zu machen … Maria ist dazu bestimmt, Christus, der in ihr ist, zu anderen zu tragen … – so wie ein jeder von uns"* (H 31.5.89).

Christian sagte, das Fest der Heimsuchung Marias sei fast so etwas wie das Patronatsfest des Klosters *Notre-Dame de l'Atlas* in Tibhirine. Wie Charles de Foucauld sah er im Geheimnis dieses Besuchs Marias bei Elisabeth die Haltung vorgezeichnet, welche die Christen in islamischem Gebiet einzunehmen haben. Die dortige Präsenz der Kirche lasse sich mit Marias Besuch vergleichen: *„Hier kann und muss sich der Besuch der Kirche im Volk der Muslime erfüllen … Wie Maria trägt sie den*

Immanuel in sich. Er ist ihr Geheimnis. Sie weiß nicht,
wie sie es sagen soll. Muss sie es überhaupt sagen? Und
da ist es oft der andere, der die Initiative zum Gruß er-
greift, wie Elisabeth, die als erste mit der Freiheit des
Heiligen Geistes das Wort ergreift" (H 31.5.93).

Wie öfter erwähnt, gab es in Christians Leben Begegnungen, die grundlegend waren für ihn und
seinen Entschluss, Mönch zu werden. Er hat oft
über die Bedeutung von Begegnungen nachge-
dacht, besonders mit Gläubigen anderer Religionen: *„Es ist das Geheimnis der wohl umfassendsten*
gegenseitigen Gastfreundschaft."
  Der Besuch Marias bei Elisabeth ist für die Christen ein Modell der „Mission". Christen sind Apostel, sie sind dazu berufen, in der Welt wie Apostel
zu leben (ein kostbares, oft vergessenes Dokument
des Zweiten Vatikanischen Konzils ist dem „Lai-
enapostolat" gewidmet). Das Herzstück apostolischen Lebens ist die Begegnung. Anders gesagt:
Das Apostolat ist eine Kunst, und zwar die Kunst
der Begegnung.

Maria zeigt uns den Weg. In der christlichen Tradition wird sie „die Königin der Apostel" genannt.
Maria hatte es eilig. So schnell wie möglich wollte
sie bei ihrer Kusine Elisabeth sein: Sie „machte sich
auf den Weg und eilte" zu ihr (Lk 1,39). Apostel
sind innerlich gedrängt, sich auf die Wege der Begegnung zu machen; sie verlassen ihre eigenen
vier Wände und ihre vertraute Umgebung, auch

wenn sie nicht wissen, wie die Begegnung verlaufen wird. Niemand hat das in der Hand, doch wer weiß nicht aus eigener Erfahrung, wie kostbar eine echte Begegnung sein kann? Es ist wunderbar, manchmal umwerfend, wenn ein jeder dem anderen in der Tiefe begegnet, wenn man selbst verstanden wird in dem, was man tief im Herzen in sich trägt.

Was war das eigentlich, das Maria hat aufbrechen lassen? Ein neues Leben ist in ihr: Jesus wächst in ihr heran, er ist es, der sie drängt und zu Elisabeth aufbrechen lässt!

Später hat dieser Jesus seinen Boten – seinen Boten aller Zeiten! – einige Empfehlungen mit auf den Weg gegeben: Geht, ich sende euch … Nehmt nichts mit für unterwegs … „Wenn ihr in ein Haus kommt, so sagt als Erstes: Friede diesem Haus!" (vgl. Lk 10,3–5). Maria hat so gehandelt. Sie hat nichts in Händen, sie hat keine Lektion zu erteilen, sie verfügt nicht über irgendwelche erlernten Kenntnisse und hat kein Pastoralkonzept. Sie wünscht Elisabeth den Frieden. Für anderes hat sie keine Zeit; sie wünscht den Frieden … Es ist Elisabeth, die als Erste das Wort ergreift: „Gesegnet bist du mehr als alle anderen Frauen!" (Lk 1,42). Elisabeth sagt Dank. Sie ist innerlich angerührt: „Wer bin ich, dass die Mutter meines Herrn zu mir kommt?" (1,43). Ähnlich wie der Heide Kornelius, der sich ehrfürchtig vor Petrus niederwirft und dankbar registriert, mit welcher Liebe Petrus zu ihnen gekommen ist (vgl. Apg 10,23–48).

Elisabeth spricht den Segen über Maria, in der Christus „Fleisch annimmt". Es ist eine fast eucharistische Sprache! Maria sagt ihrerseits Dank im Magnifikat. Christian findet in dieser Erfahrung das apostolische Leben eines jeden Christen wieder: *„Wir sind eingeladen, beständig in der Haltung Marias bei ihrem Besuch bei Elisabeth zu sein, um den Herrn zu preisen für das, was er vollbringt – im anderen … und in mir"* (Ribât 88).

Marias Besuch bei Elisabeth lehrt uns, dass Begegnung keine Einbahnstraße ist. In der Gegenseitigkeit erweist sich ihre Echtheit. Maria legt keinerlei Überlegenheit an den Tag, sie erhebt nicht den Anspruch, über besondere Kenntnisse zu verfügen und nimmt keinen Titel für sich in Anspruch. Vielmehr *bekommt* sie einen neuen Titel, einen neuen Namen: Sie ist *die von Gott Gesegnete*! *„Diesen Titel hat ihr nicht der Engel verliehen."* Maria hätte nicht darum gewusst, wenn sie nicht zu Elisabeth gegangen wäre! Ähnlich ergeht es heute wie zu allen Zeiten den „Aposteln", die dort, wo sie missionarisch tätig sind, die Liebe, mit der sie geliebt sind, tiefer verstehen.

Der Segen, den Elisabeth ausspricht, bewegt Maria dazu, ihr Segenslied anzustimmen: das Magnifikat. Maria hat es nicht bei der Verkündigung gesungen, sondern erst aufgrund und während der Begegnung mit Elisabeth. Der Moment ist gut gewählt: In der Begegnung findet die Verkündigung ihre Weiterführung. Jeder Ruf vertieft sich im apostolischen Leben.

Tiefe Begegnungen helfen jedem Menschen, sein eigenes Geheimnis besser zu verstehen. Auch und besonders den „Aposteln". Apostel, das sind ja nicht die Wissenden, die anderen ihren Glauben bringen. Apostel, das sind Menschen, welche die Begegnung mit anderen, auch mit Gläubigen anderer Religionen, suchen und sich darauf einlassen. Ihnen ist die Verheißung ins Herz gelegt, Christus von denen zu empfangen, zu denen sie gesandt sind, um ihn zu bezeugen!

Ein jeder könnte einmal seine Erfahrung im Apostolat im Licht des Besuchs Marias bei Elisabeth überdenken. Wer oder was bewegt uns, uns zum anderen aufzumachen? Haben wir diesen drängenden Wunsch, spüren wir etwas von Marias „Eile"? Wie sieht der Christus aus, den wir durch die anderen geschenkt bekommen? Geht uns durch sie Neues auf?

In meinen Augen gibt es für einen Christen keinen schöneren Titel als „Apostel". Ein Christ ist von Christus gerufen und von ihm gesandt, es drängt ihn innerlich, sich mit seinem Leben auf das Abenteuer des Glaubens und auf die Begegnung mit den anderen einzulassen. Die Apostel unserer Tage haben Maria zur „Königin", sie ist ihr Vorbild. Maria lässt sich auf die Begegnung mit Elisabeth ein. Sie bewegt alles, was geschehen ist, in ihrem Herzen und denkt darüber nach. Sie findet ihren Sohn, den sie überall gesucht hat, im Tempel wieder. Sie steht aufrecht unter dem Kreuz, vor all dem Leid, das die Menschheit bedrückt. Sie trägt sie durch bis zum Ostermorgen: die Hoffnung der Welt.

Uns, die wir ihre Apostel heute sind, ist große Gnade zuteil geworden. Magnifikat!

Abkürzungs- und Literaturverzeichnis

Zitierte Schriften von Christian de Chergé:

IE *L'invincible espérance, textes recueillis et présentés par Bruno Chenu, Bayard/Centurion 1997.*

7V *Sept vies pour Dieu et l'Algérie, textes recueillis et présentés par Bruno Chenu, Bayard/Centurion 1996.*

EM *„L'échelle mystique du dialogue", Revue Islamo-christiana 23, Rom 1997.*

CH *Chapitre, zitiert nach: Dieu pour tout jour. Chapitre de père Christian à la communauté de Tibhirine (1986–1996), Les Cahiers de Tibhirine, Abbaye Notre-Dame d'Aiguebelle, 2004.*

H *Homélies de Christian de Chergé, Les Cahiers de Tibhirine, Abbaye Notre-Dame d'Aiguebelle.*

T *Réponse à la revue Tychique (unveröffentlicht).*

MCR *Veröffentlicht in: Marie-Christine Ray, Christian de Chergé, prieur de Tibhirine, Bayard/Centurion 1998.*

Ribât *Rundschreiben für die Mitglieder des Ribât, unveröffentlicht.*

„Tu es l'Autre que nous attendons!" Revue Chemins de Dialogue 13, S. 41–44, ISTR, Marseille.

„En situation d'Église hic et nunc", Revue Chemins de Dialogue 13, S. 45–51, ISTR, Marseille.

Vgl. auch: Revue Chemins de Dialogue 24, Marseille: (Anne-Noelle Clément, La croix de Tibhirine; Françoise Durand, Notes de lecture; Roger Michel, Le thème de l'èchelle sainte en islam et en christianisme; Christophe Purgu, Processus de conversion; Christian Salenson, Eucharistie et l'Islam).

Zitierte Dokumente des Zweiten Vatikanischen Konzils:

AG *Ad gentes: Dekret über die Missionstätigkeit der Kirche.*

GS *Gaudium et spes: Pastorale Konstitution über die Kirche in der Welt von heute.*

LG *Lumen gentium: Dogmatische Konstitution über die Kirche.*